METODOLOGIA DE HARMONIZAÇÃO NO TRABALHO

Ações e Técnicas Prevencionistas

DIANA FERREIRA

METODOLOGIA DE HARMONIZAÇÃO NO TRABALHO

Ações e Técnicas Prevencionistas

Colaboração:
Angelina Elizabeth Fleming de Freitas

EDITORA LTR®
SÃO PAULO

Dados Internacionais de Catalogação na Publicação (CIP)
(Câmara Brasileira do Livro, SP, Brasil)

Ferreira, Diana
Metodologia de Harmonização no Trabalho : ações e técnicas prevencionistas / Diana Ferreira ; colaboração Angelina Elizabeth Fleming de Freitas. — São Paulo : LTr, 2010.

Bibliografia
ISBN 978-85-361-1519-1

1. Acidentes do trabalho — Prevenção 2. Higiene do trabalho 3. Metodologia de Harmonização no Trabalho (MHT) 4. Psicologia aplicada 5. Psicologia industrial 6. Segurança do trabalho I. Freitas, Angelina Elizabeth Fleming de. II. Título.

10-02772 CDD-158.7

Índices para catálogo sistemático:

1. Metodologia de Harmonização no Trabalho (MHT) : Segurança do trabalho : Psicologia aplicada 158.7
2. Segurança do trabalho : Metodologia de Harmonização no Trabalho (MHT) : Psicologia aplicada 158.7

Colaboração: **ANGELINA ELIZABETH FLEMING DE FREITAS**
Produção Gráfica e Editoração Eletrônica: **RLUX**
Revisão: **MARIA HELENA BRAGA MENDES**
Ilustração: **FLÁVIO RIBEIRO DE MOURA**
Design de capa: **FABIO GIGLIO**
Impressão: **COMETA GRÁFICA E EDITORA**

LTr®

EDITORA LTDA.

Rua Jaguaribe, 571 — CEP 01224-001 — Fone (11) 2167-1101
São Paulo, SP — Brasil — www.ltr.com.br

LTr 4118.7 **Abril, 2010**

Dedicamos este trabalho aos que nos deram a vida e
nos ensinaram a importância de preservá-la,
bem como a todos os que, direta ou indiretamente,
nos incentivaram a elaborá-lo.

Nossa gratidão a todos os que nos apoiaram ao longo da realização deste trabalho, em especial a:

Cooperativa Central dos Produtores Rurais de Minas Gerais Ltda. — CCPR, pela oportunidade de criação, desenvolvimento e aplicação da Metodologia de Harmonização no Trabalho.

Associação Mineira de Engenharia de Segurança — AMES, pelo apoio e parceria, na busca por novos e melhores caminhos para as práticas de prevenção contra acidentes e promoção da segurança e saúde ocupacionais.

SUMÁRIO

PREFÁCIO

Na década de 1970, a Engenharia de Segurança do Trabalho começou a dar os primeiros passos efetivos para atender ao que prescreve o Capítulo V do Título II da Consolidação das Leis do Trabalho, aprovada pelo Decreto-lei n. 5.452, de 1º de maio de 1943, com a promulgação da Lei n. 6.514, de 22 de dezembro de 1977, e colocar em prática as Normas Regulamentadoras — NR, estabelecidas pelo Ministério do Trabalho, disciplinadas pela Portaria n. 3.214, de 8 de junho de 1978.

Timidamente, iniciamos também a implantação dessas normas nas obras de construção da Usina Hidrelétrica de Marimbondo, no Rio Grande, na divisa de Minas Gerais com São Paulo, componente do Sistema Gerador de Furnas — Centrais Elétricas S.A., após um curso específico promovido pela Eletrobras, oferecido a todas as empresas do Sistema Elétrico Brasileiro.

Tempos difíceis, pois não havia precedentes conhecidos dessa especialidade da engenharia, em obras de porte; eram poucos os livros sobre o assunto e ocorria muita resistência, tanto por parte dos próprios dirigentes quanto dos trabalhadores (4.500 homens), à aceitação e à adoção das referidas normas. Transcorreram quase dez anos, até que nosso trabalho começasse a ser reconhecido, em vista dos resultados na redução de acidentes e de perdas humanas e materiais.

Hoje, com imensa satisfação, vejo o trabalho, tornado livro, da psicóloga *Diana Ferreira*, autora da obra *Metodologia de harmonização no trabalho — ações e técnicas prevencionistas*, que tão bem apresenta o resultado positivo de seus métodos experimentais, visando a despertar o interesse de gestores e trabalhadores por essa importante matéria.

A autora e a colaboradora abordam, neste livro, a harmoniosa aceitação e conscientização dos métodos inerentes à área de Segurança do Trabalho, utilizando recursos da música, da arte e da meditação, bem como atividades lúdicas, com ótimos resultados.

Apesar de serem esses métodos pouco utilizados por nós, engenheiros, reconhecemos que vêm acrescentar a parte que faltava em nosso trabalho.

A *Metodologia de Harmonização no Trabalho* vem preencher uma lacuna na literatura especializada acerca da segurança e saúde no trabalho.

É, pois, com imensa satisfação, que agradeço por me darem a honra de escrever este Prefácio.

Sílvio Piroli
Engenheiro. Presidente da Associação Mineira de Engenharia de Segurança — AMES.

"O grande desafio para o ser humano é combinar trabalho com cuidado. Eles não se opõem, mas se compõem, limitam-se mutuamente e, ao mesmo tempo, se complementam. Juntos constituem a integralidade da experiência humana."

Leonardo Boff, 1999.

INTRODUÇÃO

Coube à Comissão Interna de Prevenção de Acidentes — CIPA, oficialmente instituída com base no art. 82 do Decreto-Lei n. 7.036, de 10 de novembro de 1944, o mérito pelos primeiros passos decisivos no sentido da implantação da prevenção de acidentes no trabalho, no Brasil.

As estatísticas, nessa época, já evidenciavam no País um alarmante índice de acidentes e de perdas humanas no trabalho, que não podia mais ser visto como uma questão isolada, cujo controle não cabia apenas às instituições em que ocorriam, mas exigia uma mobilização de todos os setores envolvidos. Era imprescindível capacitar profissionais para tratar de questão tão importante.

Surgiram então as especializações em Engenharia de Segurança, bem como Técnicos de Segurança do Trabalho, em atendimento às determinações da Lei n. 7.410, de 27 de novembro de 1985, regulamentada pelo Decreto n. 92.530, de 09 de abril de 1986. A Constituição de 1988 foi o marco principal das ações na área da saúde do trabalhador. Iniciavam-se, a partir daí, as discussões sobre a redução dos riscos inerentes ao trabalho e a criação de normas de saúde, higiene e segurança.

Essas conquistas, pouco a pouco, foram introduzindo uma nova forma de pensar as relações e condições de trabalho existentes até então e sedimentando bases sólidas para o pleno exercício do direito de todo trabalhador brasileiro à saúde e ao exercício profissional protegido de riscos passíveis de afetar sua integridade física e mental.

Os problemas relacionados à segurança, à saúde, ao meio ambiente e à qualidade de vida no trabalho ganharam importância nos órgãos públicos, nas entidades empresariais, nas centrais sindicais e na sociedade como um todo. Percebia-se a necessidade da soma dos esforços de todos os setores da sociedade, no sentido da aplicação de programas de saúde e segurança no trabalho. No conjunto das ações adotadas, cabe ressaltar a contratação de profissionais da área de Segurança e Medicina do Trabalho, os quais foram incumbidos de identificar riscos e treinar os trabalhadores para exercerem suas atribuições sem colocarem sua segurança e saúde em risco.

Atuando na área de Recursos Humanos como psicóloga de uma grande indústria, acompanhei esse processo e integrei sua primeira Comissão Interna de Prevenção de Acidentes — CIPA, representando o empregador.

Essa aproximação com as áreas de Higiene, Segurança e Medicina do Trabalho permitiu-me atuar na redução de conflitos entre os profissionais de segurança, os gestores e os trabalhadores, que, muitas vezes, se recusavam a cooperar com as medidas de segurança propostas.

Enquanto os gerentes ameaçavam os empregados de demissão, advertiam e aplicavam-lhes sanções disciplinares pela não utilização de equipamentos de proteção individual — EPIs, as áreas técnicas buscavam convencê-los mediante a utilização de estímulos aversivos, tais como treinamentos com apresentação de cenas violentas de acidentes e mortes. Essas medidas, contudo, não motivavam os trabalhadores a mudar sua conduta nem a aderir às orientações de segurança propostas.

Tais dificuldades me instigaram a buscar novas estratégias motivacionais, que pudessem sensibilizar gestores e trabalhadores para o cumprimento da Legislação de Segurança e Saúde no Trabalho, por meio de uma participação mais efetiva.

Na busca por estratégias diferenciadas, desenvolvi um trabalho englobando pesquisas e experimentação de novas atividades e técnicas que pudessem ser adaptadas para uso organizacional.

A partir do trabalho integrado com as equipes de Segurança, Medicina e Psicologia, constatei que a tarefa de prevenir riscos não constituía atribuição de áreas específicas, mas conduta de defesa e preservação de vidas humanas; portanto, era responsabilidade de todos.

Progressivamente, como palestrante nas Semanas Internas de Prevenção de Acidentes no Trabalho — SIPATs, substituí as imagens e cenas chocantes de acidentes, que causavam aversão e medo, por estímulos positivos, geradores de bem-estar.

Meus estudos foram aos poucos ampliando-me a compreensão sobre a importância de introduzir nas palestras, sempre participativas e/ou vivenciais, cenas da natureza, músicas, atividades lúdicas e exercícios respiratórios e de relaxamento, indicados frequentemente na literatura científica sobre o tema, por suas propriedades redutoras de tensões, fadiga e facilitadoras de processos de equilíbrio físico, mental e emocional.

Essas observações levaram-me à sistematização de uma metodologia diferenciada de intervenção, na década de 1980: a Metodologia de Harmonização no Trabalho — MHT, com vistas a estimular a participação e/ou o comprometimento dos trabalhadores com os cuidados básicos de defesa e preservação da vida, não só em postos de trabalho, mas junto à família e à sociedade.

Inicialmente, foram desenvolvidas atividades que possibilitaram aos trabalhadores vivenciar coletivamente os efeitos provocados pela música, por atividades lúdicas e de visualização criativa, por exercícios respiratórios, de relaxamento e técnicas de meditação.

Extrapolando as exigências legais, buscava-se estimular a sensibilidade para a compreensão de como essa nova estratégia de intervenção poderia contribuir para a construção do bem-estar individual e coletivo.

As técnicas criadas eram adaptadas, considerando sempre a temática a ser desenvolvida e os objetivos a serem alcançados. A aceitação pelos trabalhadores dessa nova forma de condução das atividades de treinamento, em eventos de segurança e saúde, foi surpreendente, revelando tratar-se de uma estratégia que, se desenvolvida de forma interdisciplinar, possibilitaria a ampliação de processos de prevenção, no cotidiano dos trabalhadores, permeado por tensões e riscos inerentes às funções desempenhadas.

Em função dessa receptividade, a MHT passou a ser adotada em todas as áreas da empresa, principalmente nas que requeriam redução nos índices de absenteísmo por adoecimento, acidentes e fadiga ocupacional.

Ao longo do tempo, evidenciou-se que a aplicação dessa metodologia, além de propiciar melhor interação nas relações interpessoais, facilitava o desenvolvimento do trabalho em equipes e representava melhoria no processo de atenção e concentração, aspectos que podem afetar a segurança no local de trabalho. Os efeitos benéficos dessa prática também se fizeram sentir entre os trabalhadores, conforme comprovam seus comentários e convites desta natureza: "[...] se o gerente não deixar, venha em nosso horário de almoço trazer mais jogos ou ensinar alguma atividade[...]." Evidentemente, não foi necessário, pois os gestores, sempre presentes às palestras vivenciais, percebiam as transformações comportamentais positivas, ocorridas durante e após as vivências de harmonização.

Ao longo dos anos, a metodologia vem sendo atualizada, aprimorada e aplicada em diversas empresas comerciais e industriais, no Brasil e fora do país, apresentando resultados efetivos.

Em síntese, a Metodologia de Harmonização no Trabalho — MHT é uma proposta de construção de uma dinâmica inovadora, para utilização em treinamentos desenvolvidos para atendimento à Portaria n. 3.214, de 08 de junho de 1978, referente às Normas Regulamentadoras estabelecidas pelo Ministério do Trabalho. As técnicas propostas têm sido aplicadas com sucesso em Semanas Internas de Prevenção de Acidentes — SIPATs e em outros eventos de segurança e saúde ocupacional, como um meio e não como um fim em si mesmas.

Cabe ainda ressaltar que, de fundamental importância nesse processo tem sido a colaboração da Dr.ª *Angelina Elizabeth Fleming de Freitas*, médica homeopata, especialista em Psicologia Médica. Com sua visão integral do ser humano, tem agregado valor à fundamentação científica da Metodologia de Harmonização no Trabalho — MHT, contribuindo também para a sistematização das técnicas empregadas.

1. TRABALHO, VIDA E PREVENCIONISMO

Conforme dados apresentados pela Organização Internacional do Trabalho — OIT[1], anualmente ocorrem cerca de 270 milhões de acidentes do trabalho e aproximadamente 160 milhões de casos de doenças ocupacionais — uma estatística alarmante, que sugeriu a elaboração de uma Política Nacional de Segurança e Saúde do Trabalhador, cujo objetivo é "prevenir os danos à saúde e ocorrência de acidentes resultantes dos riscos do trabalho, bem como contribuir para o estabelecimento e manutenção de nível mais elevado de bem-estar físico e mental dos trabalhadores".

O Brasil está entre os países com maiores índices de mortes por acidentes de trabalho no mundo, questão que vem se mostrando desafiadora para governos, empresas e sociedade. Além dos custos sociais incalculáveis, os custos financeiros representam, aproximadamente, cerca de 4% do Produto Interno Bruto — PIB do país. Justifica-se, portanto, o esforço no sentido da busca de melhores práticas de prevenção contra acidentes e doenças decorrentes do trabalho.

Em face desse contexto, procurou-se identificar técnicas que pudessem concorrer para a promoção da segurança e da qualidade de vida no trabalho, surgindo nesse esforço a Metodologia de Harmonização no Trabalho-MHT, que veio complementar as medidas já adotadas por profissionais de Segurança e Medicina do Trabalho.

1.1. Origem e construção da MHT

Na década de 1980, como psicóloga integrante do Setor de Treinamento da área de Recursos Humanos de uma indústria de grande porte em Minas, recebia sistematicamente convites para proferir palestras sobre "Relações Humanas no Trabalho", em Semanas Internas de Prevenção de Acidentes —

(1) Disponível em: <http:www.mte.gov.br/seg-sau/proposta_consultapublica.pdf>. Acesso em 23 de fevereiro de 2009.

SIPATs, nas diversas unidades da empresa. Como o tema se repetia a cada ano, foi possível criar e aprimorar técnicas diferentes de abordagem do assunto, na expectativa de ampliar o interesse, a participação e o comprometimento dos trabalhadores na formação de hábitos relacionados com a conciliação entre melhores condições de trabalho, melhor qualidade de vida para os trabalhadores e consequente melhoria em termos de saúde e resultados de produtividade.

Considerando que viver é um risco, e que o instinto de preservação é inerente ao ser humano, tornava-se importante refletir e diagnosticar as causas de serem as práticas adotadas até então insuficientes para minimizar os elevados índices de absenteísmo dos trabalhadores, em decorrência de acidentes e adoecimento.

A inclusão, nas palestras proferidas durante as Semanas Internas de Prevenção de Acidentes — SIPATs, de técnicas de integração, músicas, atividades artesanais, lúdicas, técnicas de visualização criativa, exercícios de relaxamento e meditação, gerou uma participação mais efetiva dos trabalhadores, que, de uma atitude passiva ou de resistência, passaram a revelar uma atitude espontânea e cooperativa.

Ao final da aplicação das técnicas, adaptadas para uso organizacional, era feita uma reflexão sobre os cuidados básicos e fundamentais à defesa e preservação da vida. Surgia, assim, entre os trabalhadores e gestores, um novo olhar na direção do real objetivo das SIPATs: ampliar ações permanentes voltadas para a promoção da saúde e a prevenção de acidentes no ambiente de trabalho, mediante o comprometimento individual e coletivo com a segurança.

Inicialmente, foi necessário enfrentar o desafio de mostrar aos diversos níveis de gestão, aos trabalhadores e profissionais das áreas de Segurança e Medicina Ocupacional, que as atividades desenvolvidas com base na Metodologia de Harmonização no Trabalho não eram simples "brincadeiras", mas uma forma de intervenção diferenciada, mediante a aplicação de técnicas que se mostraram eficazes, em termos de redução da fadiga e melhoria da atenção e da concentração no trabalho. Procurou-se também demonstrar a importância da "humanização das organizações, buscando transformar o trabalho humano numa forma de construção do sujeito e não numa forma de alienação do trabalhador", conforme *Vieira* (2007, p. 25).

A sustentação teórica para embasamento científico da metodologia e construção das ferramentas para sua aplicação prática foi buscada em ampla pesquisa da literatura referenciada sobre a matéria, inclusive mediante o acesso a pesquisas acadêmicas específicas sobre o tema. Identificamos, por meio dessas fontes, especialmente em estudos na área de Neurociências, técnicas que pudessem estabelecer interfaces entre atividades corporais e padrões mentais, considerados inseparáveis durante o funcionamento normal do organismo.

Esses estudos possibilitaram-nos estabelecer uma prática que pudesse transcender as metodologias já existentes, buscando inserir, no ambiente organizacional, um novo olhar sobre o processo de prevenção de acidentes e adoecimentos ocupacionais e preparar o trabalhador para a autoaplicação das técnicas vivenciadas.

O diferencial, na formatação dessa metodologia, foi possibilitar o desenvolvimento de atividades com carga horária reduzida, envolvendo grandes grupos de trabalhadores. Os exercícios foram estruturados de forma a viabilizar a aplicação de mais de uma técnica simultaneamente, permitindo a participação mais livre dos trabalhadores e a melhor percepção dos efeitos e da sensação de bem-estar gerados.

A interação mantida pelos participantes, após as atividades, mostrou que a aplicação da metodologia poderia ser um canal para conscientizá-los sobre a importância da prevenção de acidentes em seus postos de trabalho, em seus lares e na sociedade em geral.

Nos treinamentos, sempre se procurou abordar a questão preventiva, não sob o prisma técnico-teórico, mas, sim, como uma atitude consciente diante do trabalho e da vida. Nessa perspectiva, as programações das SIPATs e demais atividades desenvolvidas se transformaram em encontros interativos, nos quais buscava-se reforçar a percepção do ser humano enquanto ser integral, pleno de potencialidades e habilidades.

De forma mais flexível, procurava-se também estabelecer uma reflexão sobre a diversidade comportamental dos indivíduos, para que cada trabalhador pudesse entender melhor a si mesmo e aos outros companheiros, em suas peculiares maneiras de agir e reagir, aspecto relevante, considerando-se a complexidade das relações sociais mediadas pelo trabalho humano.

Os eventos promovidos pela área de segurança, em parceria com outros profissionais, exigem uma construção baseada em um processo de educação permanente, a fim de consolidar e transformar em ação efetiva os conhecimentos adquiridos, transformando-os em um conjunto de hábitos e ações prevencionistas.

Em sua subjetividade, os trabalhadores, pouco a pouco, compreendiam a importância não apenas de um comportamento coletivo positivo, para a promoção de um ambiente profissional saudável, mas também a necessidade de identificar e administrar as tensões cotidianas.

No decorrer dos anos, a forma de abordagem de aspectos referentes a informações técnicas, exigências legais, programas e campanhas de prevenção passou a ser coordenada sempre no sentido de motivar e abrir espaços para a participação direta dos trabalhadores, que foram progressivamente assumindo uma postura ativa e consciente, como agentes da própria segurança e da de seus colegas, no ambiente de trabalho. Nesse contexto, surgiu a possibilidade de estabelecimento de bases para a criação de uma nova cultura prevencionista, construída pelos próprios trabalhadores, sob a coordenação das equipes interdisciplinares constituídas por gestores e profissionais das áreas de Psicologia, Segurança e Medicina do Trabalho.

1.2. Resultados obtidos com a aplicação da MHT

A Metodologia de Harmonização no Trabalho — MHT foi aplicada como projeto-piloto durante cinco anos, em duas unidades industriais, visando à redução das causas geradoras de absenteísmo, que, segundo *Couto* (1982), "[...] é decorrente de uma ou mais das seguintes classes de fatores causais: fatores de trabalho, sociais, culturais, fatores de personalidade, fatores de doenças ou fadiga psíquica". Segundo esse pesquisador, é necessário considerar que um conjunto de variáveis causais pode, de forma associada, levar ao absenteísmo, que, se mantido elevado, traz como consequências a interrupção ou diminuição da produção, o aumento de tensões geradoras de *stress* e fadiga ocupacional, com consequente aumento dos gastos com obrigações sociais e doenças de natureza psicossomática.

A avaliação dos resultados da aplicação da metodologia, tomando como base dados fornecidos pelas áreas de Medicina, Segurança e Psicologia, revelou, após dezoito meses, surpreendente índice de redução de absenteísmo, conforme registra o gráfico da página seguinte, extrapolando a meta estabelecida, na Unidade Industrial "A".

É pertinente destacar que, na citada unidade industrial, evidenciou-se, no período avaliado, redução do quantitativo de horas abonadas por auxílio--doenças/acidentes, de 34.298 para 24.397, com significativo ganho financeiro para a empresa; queda no número de acidentes, de 35 para 24; maior integração entre as equipes; maior comprometimento e atenção dos trabalhadores, com as orientações das áreas técnicas de segurança e saúde ocupacional.

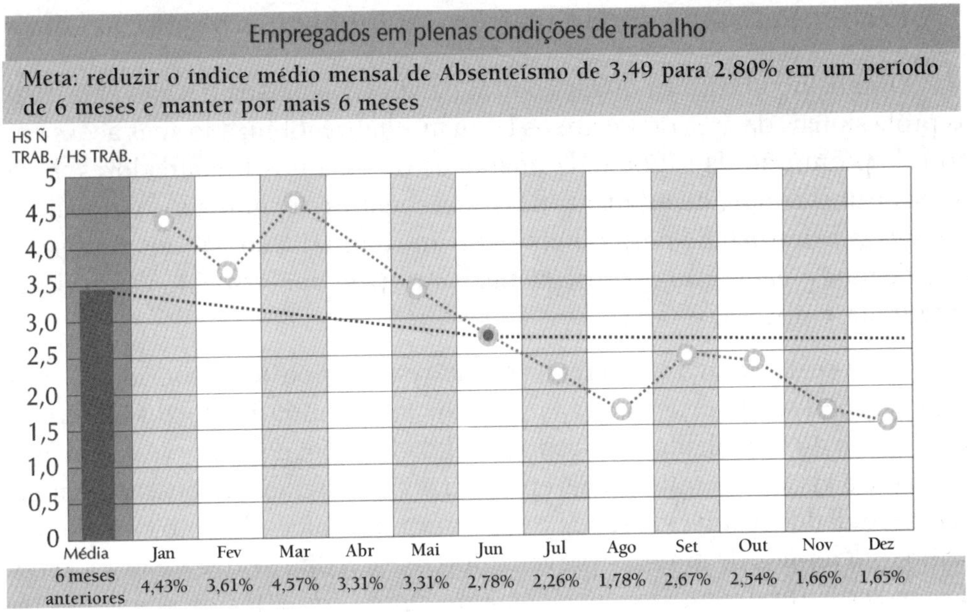

Fonte: Unidade Industrial "A" — Belo Horizonte — MG.

A metodologia demonstrou também ser um instrumento facilitador tanto nos eventos relacionados à promoção da saúde e segurança no trabalho, quanto em intervenções voltadas para a construção de novas formas de interação no ambiente profissional, associando, ao conhecimento técnico, fatores comportamentais, bem como sentimentos e emoções inerentes a qualquer ser humano.

Surgiram, assim, os "Programas de Harmonização no Trabalho", objetivando não só a manutenção de uma conduta prevencionista, mas também a melhoria no processo de gestão de pessoas e nas relações interpessoais, fatores que também podem influenciar na elevação dos riscos de acidentes e do índice de adoecimento no ambiente de trabalho. Essa estratégia foi aplicada posteriormente nas oito unidades fabris e nas demais áreas da empresa, sempre com a participação efetiva dos trabalhadores.

Segundo *França* e *Rodrigues* (2002), "o trabalho tende a submeter as pessoas a inúmeros estímulos estressantes, tanto de forma aguda como crônica, em que a única saída, à medida que não é possível evitá-los, é aprender a lidar com eles de forma menos traumática e, se possível, de maneira criativa e saudável".

O trabalho desses pesquisadores fortaleceu dois dos pontos básicos da Metodologia de Harmonização no Trabalho-MHT: a promoção da abertura de canais para a livre expressão da criatividade e o desenvolvimento de habilidades individuais e coletivas.

1.3. Prevencionismo e humanização dos ambientes organizacionais

O trabalho ocupa um lugar central na vida das pessoas, razão pela qual os profissionais da área de Recursos Humanos têm mobilizado suas ações em prol da promoção da saúde e da qualidade de vida dos trabalhadores, bem como de um melhor entendimento das relações entre o ser humano e o trabalho, condições primordiais para o bem-estar individual e social dos profissionais de uma organização e, consequentemente, para o incremento da produtividade da empresa.

Trata-se de um tema de crescente interesse por parte da sociedade e das organizações, sendo consensual a importância atribuída a aspectos tais como a satisfação do trabalhador e a responsabilidade social das empresas. Em face dessa nova visão, os profissionais envolvidos com o tema têm buscado entender os cuidados relativos a saúde e segurança para além do ambiente de trabalho. Em termos de atitudes prevencionistas, acredita-se que esses aspectos devam ser naturalmente vivenciados e mantidos em todos os ambientes de relações sociais: trabalho — família — sociedade, a partir de uma conscientização diferenciada, que leve o trabalhador não só a assumir seu papel como cidadão responsável por si e pela comunidade em que está inserido, com direitos e deveres a serem mantidos e/ou conquistados, mas também a minimizar riscos para os familiares que estejam desenvolvendo atividades como trabalhadores informais, em seus lares.

Diante dessa visão, um outro desafio se apresenta: a criação de um espaço interativo entre o trabalhador, sua família e a empresa, possibilitando um processo de educação permanente para a segurança, a saúde e a qualidade de vida, englobando as dimensões biológica, psicológica e social.

As atividades da Metodologia de Harmonização no Trabalho — MHT desenvolvidas na citada indústria facilitaram esse processo de integração, uma vez que as famílias dos trabalhadores passaram a ser convidadas a participar de algumas delas, durante as Semanas Internas de Prevenção de Acidentes — SIPATs, gerando um clima de satisfação no ambiente de trabalho. Além disso, a mudança do significado do papel do trabalhador, no sentido de assumir a instância de sujeito das ações, no processo de atenção à sua saúde e segurança, ampliou a compreensão da necessidade contínua de aprendizagem a respeito dos riscos à saúde e das formas de prevenção, também no ambiente externo ao trabalho.

Iniciou-se, assim, um processo mais abrangente do que a simples apropriação dos conceitos básicos sobre segurança ou uso obrigatório de equipamentos de proteção individual — EPIs, em obediência às Normas Regulamentadoras. Buscou-se transformar o trabalhador em um agente multiplicador de conhecimentos prevencionistas, ampliando não só seu aprendizado, mas também sua visão social para questões fundamentais, relacionadas aos princípios básicos de cidadania e preservação da vida humana.

A Metodologia de Harmonização no Trabalho não foi apresentada, em momento algum, como forma absoluta e isolada de promoção da segurança e do bem-estar individual e coletivo no ambiente de trabalho; entretanto, constituiu-se em um meio facilitador do estabelecimento de novas relações entre os gestores, os profissionais da área e o segmento operacional, motivando a formação de atitudes prevencionistas, não só no local de trabalho, mas também junto à família e à sociedade.

Em cada encontro, buscava-se, cada vez mais, ampliar o olhar do trabalhador para fora dos limites da empresa e estimular-lhe reflexões sobre a necessidade de maior cuidado com os riscos passíveis de ocorrerem em seu lar e na comunidade, preocupação percebida em diversos segmentos da sociedade, devido ao aumento crescente dos acidentes domésticos, os quais, por não serem notificados, distorcem as estatísticas de doenças e acidentes de trabalho no País.

Dentre as iniciativas prevencionistas de maior destaque, cabe ressaltar as relevantes ações do Dr. *Américo de Campos*, Professor de Pediatria e Toxicologia, Presidente do Departamento Científico de Segurança da Criança e do Adolescente das Sociedades Mineira e Brasileira de Pediatria, membro da Comissão Executiva Nacional da *Campanha nacional de prevenção de acidentes e contra a violência na infância e adolescência,* lançada em 12 de outubro de 1998. Segundo o citado docente, acidentes e violências configuram um problema de educação preventiva e de Saúde Pública, de grande magnitude no Brasil, existindo, em maior ou menor incidência, em todos os países; constituem causa majoritária de morte, a partir do terceiro ano de vida até a juventude, representando grande ônus para a sociedade.

A Sociedade Brasileira de Pediatria — SBP vem, ao longo dos anos, por meio de campanhas e de várias ações de suas filiadas, promovendo a prevenção de acidentes e violência na infância, adolescência e juventude. A citada Campanha, por exemplo, propõe, por intermédio de estratégias diversas, colaborar para articular a *formulação e ação de política nacional para a redução da morbimortalidade por acidentes e violência.* A abrangência das ações propostas é ampla e requer o envolvimento de toda a sociedade, do Poder Público, dos pais, responsáveis e educadores, bem como de organizações nacionais e internacionais.

Na verdade, essa mobilização de toda a sociedade em torno de questão tão relevante como a prevenção de acidentes é essencial, pois eles são evitáveis e não podem ser vistos como fatalidade, em nenhum local ou estágio da vida. Aprofundar estudos nesse sentido é um longo caminho, sempre em processo, em prol da valiosa meta de defesa e preservação da vida humana.

2. TÉCNICAS DE TREINAMENTO

A Metodologia de Harmonização no Trabalho, por suas características, vem sendo desenvolvida de forma interdisciplinar, sempre em parceria com profissionais das áreas de Psicologia, Medicina e Segurança, na perspectiva de uma visão integral do trabalhador.

As técnicas propostas pela MHT visam a desenvolver nos trabalhadores habilidades e competências individuais e coletivas que possibilitem a formação de hábitos e uma postura ativa e consciente de agentes da própria segurança no ambiente de trabalho, gerando, no âmbito das empresas, uma nova cultura, cuja meta é o comprometimento com as orientações e medidas de prevenção aplicadas.

Trata-se de instrumentos para reflexões, validação ou reestruturação dos conceitos teórico-práticos enfocados nos eventos direcionados a conscientizar o trabalhador sobre a importância de utilizar estratégias para a proteção de sua saúde e integridade física, psíquica e emocional, bem como para a defesa e preservação da vida.

As técnicas de treinamento desenvolvidas pela MHT têm-se revelado um excelente recurso para a introdução de novos conceitos fortalecedores dos sentimentos de segurança individual e coletiva; têm também auxiliado na estruturação de processos de educação contínua e preventiva, mediante ações efetivas na redução de riscos ambientais, que, em geral, afetam o bem-estar humano e social nas organizações.

As técnicas propostas não devem, contudo, ser consideradas soluções mágicas para os problemas ou riscos enfrentados pelas organizações e trabalhadores. Facilitam, sem dúvida, o desenvolvimento de equipes e a compreensão de como um trabalho cooperativo pode ser uma forma de prevenção no ambiente profissional, mas constituem um meio, não um fim em si mesmas.

As técnicas propostas pela Metodologia de Harmonização no Trabalho — MHT devem ser aplicadas por pessoas devidamente treinadas para tal fim e preparadas para realizar as adaptações que se fizerem necessárias, levando em consideração as Normas de Segurança — NR e uma série de variáveis tais como: o tema a ser desenvolvido, o tamanho do grupo, as suas habilidades técnicas, o tempo disponível, o local onde será desenvolvida a atividade e o material a ser utilizado.

Além disso, é imprescindível a observância de alguns cuidados fundamentais pelo facilitador: é necessário que se mantenha sempre atento ao processo reflexivo e educativo contido nas dinâmicas, evitando ficar restrito apenas aos aspectos lúdicos da atividade realizada; é essencial que procure sempre integrar a atividade a um objetivo maior, no caso, os cuidados fundamentais para a defesa e valorização da vida, sem esperar, contudo, resultados imediatos. Cabe ainda ressaltar que as técnicas estão estruturadas de forma a estimular a participação espontânea dos integrantes, mas sempre respeitando a liberdade de cada um, no sentido de participar ou não da atividade programada.

Em síntese, a aplicação das técnicas propostas pela Metodologia de Harmonização no Trabalho — MHT objetiva, basicamente:

- facilitar a interação entre as pessoas envolvidas, inclusive por meio de comunicação não-verbal, explorando a riqueza da expressão grupal;
- proporcionar alívio de tensões físicas e psíquicas, bem como a consequente redução da fadiga laboral;
- estimular a criatividade, na busca pela solução de problemas;
- despertar sentimentos de solidariedade e cooperação grupal;
- facilitar o processo ensino/aprendizagem e a prática dos conceitos teóricos relacionados à segurança, à saúde e à qualidade de vida no trabalho;
- desenvolver atitudes de valorização e defesa da vida humana e de preservação do meio ambiente.

Em função desses objetivos, há técnicas específicas para cada circunstância:

- **Aquecimento ou quebra-gelo:** jogos e brincadeiras preparadas especialmente para obter descontração e proporcionar a integração inicial do grupo de participantes.

Essas técnicas devem ser aplicadas previamente ao início das atividades.

- **Integração grupal:** dinâmicas que promovem o conceito de interação grupal e estabelecem níveis de confiabilidade entre os participantes, além de fortalecerem a cooperação grupal e o trabalho direcionado no sentido do alcance de objetivos e metas comuns.

- **Estímulos à cooperação:** técnicas que facilitam o desenvolvimento das equipes, estimulando a união e os sentimentos de segurança individual e coletiva entre os participantes.
- **Relaxamento e meditação:** atividades objetivando eliminar tensões e cansaço, geradores de fadiga física e mental, e prevenir processos de *stress*. Essas técnicas fortalecem a atenção e a concentração, aspectos fundamentais na prevenção de acidentes ocupacionais.
- **Visualização criativa:** exercícios que possibilitam o uso consciente da imaginação e de processos de aprendizagem.

Essas técnicas estimulam a criatividade na solução de problemas e na superação de obstáculos para atingir metas, além de proporcionarem a eliminação de tensões, quando associadas a exercícios de relaxamento.

O desenvolvimento das técnicas de treinamento obedecem, de modo geral, às seguintes etapas:

1º) iniciar sempre os treinamentos, explicando que será feita uma atividade para interação grupal. Este momento poderá ser usado, se necessário, para organizar os participantes em grupos ou subgrupos;

2º) aplicar uma técnica de aquecimento, visando à descontração do grupo e à maior receptividade dos participantes;

3º) desenvolver a atividade programada, aplicando técnicas selecionadas e adaptadas ao tema a ser desenvolvido;

4º) estimular os participantes a manifestarem suas opiniões e reflexões ocorridas durante a execução da atividade, estabelecendo um paralelo com seu cotidiano de trabalho;

5º) proceder a uma exposição dialogada sobre o referencial teórico relativo ao tema central do evento, sempre procurando a participação individual e coletiva, aferindo o trabalho do grupo e o alcance dos objetivos propostos;

6º) encerrar a atividade, aplicando um exercício de visualização criativa, que poderá estar associado a música ou a exercícios respiratórios.

ATIVIDADE COM MÚSICA

2.1. Técnicas com música

> "O mais importante e bonito no mundo é isto: que as pessoas não estão sempre iguais, ainda não foram terminadas, que elas vão sempre mudando. Afinam e desafinam."
> *(Guimarães Rosa, Grande Sertão: Veredas)*

Na ciência clássica, o som é definido como um movimento provocador de energia cinética, que estimula as ações dos indivíduos.

Na Medicina moderna, um feixe de som vibrante e alto pode ser precisamente focado, a fim de que as pedras do rim ou da vesícula biliar sejam induzidas à vibração e à explosão mineralizada.

É a natureza do som, nesse nível energético, que provoca uma vasta gama de efeitos sobre o corpo e a mente.

Diversos pesquisadores da área médica, voltados para o estudo dos efeitos da música, têm comprovado que o corpo físico e as emoções são realmente afetados pelos sons, sejam ruídos industriais, sejam diferentes espécies de ritmos musicais.

Diserens e *Fine*(2), *apud* McClellan (1988), pesquisadores da influência da música sobre o ser humano, evidenciaram que a música aumenta o metabolismo corporal, aumenta ou diminui a energia muscular, acelera a respiração ou diminui sua regularidade, produz um efeito distinto, mas variável, sobre pulso, o volume e a pressão do sangue, além de reduzir o limiar de estímulos sensoriais de diferentes modos. Concluíram ainda que a música reduz ou adia a fadiga, atenua as tensões acumuladas durante um dia de trabalho, aumenta a resistência muscular e influencia a condutividade elétrica do corpo humano, evidenciada pelo aumento das flutuações do reflexo galvânico (medida do grau de relaxamento).

Estudos realizados por *Dan Kientz*, *Randal Fontes* e *Steven Halpern*, em 1973, no Instituto de Pesquisas Psicotrônicas da Califórnia, em cujos experimentos foram utilizados os parâmetros da resposta fisiológica, medida pela resposta galvânica cutânea — RGC, detectaram um nível de atividade cerebral relaxante, influenciado pela música composta por *Steven Halpern*(3),

---

(2) DISERENS; FINE. *The effect of music on the pain of selected post-operative patients*, 1939.

(3) HALPERN, Steven; SAVARY, Louis. *Sound health:* music and sounds that make us whole. São Francisco: Halper&Row, 1985. p. 39.

especificamente para fins de relaxamento e meditação, que possibilita ao indivíduo "[...] estar em harmonia consigo mesmo e com o ambiente e poder executar ações com um mínimo de dispêndio de energia".

Terapeutas do som e biólogos têm demonstrado os efeitos das vibrações do som sobre as células vivas. Esses pesquisadores vêm identificando determinadas frequências correspondentes a estruturas, órgãos e funções do corpo humano: "Usando forquetas de um diapasão, como fonte de som e diferentes frequências da escala musical, eles induziram mudança na cor e no formato de células sanguíneas" (DEWHURST-MADDOCK, 1999. p.126).

Vários experimentos foram também realizados sobre os efeitos da música em seres humanos, em Universidades do Colorado, Califórnia e Nova York, todos comprovando sua eficácia na redução de tensões, no aumento da sensação de bem-estar, na diminuição da intensidade e do tempo de duração de enxaquecas e na melhoria da atividade muscular.

Pesquisas de neurocientistas vêm confirmando esses dados e evidenciando o poder da música como fator de coesão social, coadjuvante no tratamento de diversas doenças, sendo capaz de reduzir o *stress*, minimizar os efeitos da fadiga e provocar as mais diversas emoções.

Segundo *Stéphanie Khalfa* (2005), pesquisadora de um Laboratório de Neuropsicologia na França, em uma pessoa estressada desencadeia-se todo um processo de ativação do complexo amigdalóide, que estimula o hipotálamo, a hipófise, as glândulas suprarrenais e o fígado, gerando um estado geral de alerta. Uma música tranquila poderá inibir toda essa cadeia de reações, prevenindo riscos passíveis de afetar a saúde. Essa pesquisadora alerta, entretanto, que "a música pode não apenas acalmar, mas também provocar agitação, especialmente se apresentar dissonâncias". Tem sido verificado, ao que tudo indica, que o córtex auditivo dispõe de uma faculdade natural para reconhecer certos motivos sonoros particulares, estressantes ou tranquilizantes.

De acordo com o psiquiatra Dr. *Rolando Benenzon* (1988, p.7), iniciador da Musicoterapia na Argentina e na América do Sul, considerado uma das maiores autoridades da América Latina no assunto, "o ser humano é um todo, e a Musicoterapia é a técnica que mais se dirige ao todo do indivíduo." Afirma ainda que a comunicação gratificante, facilitada por atividades envolvendo música, é a " pedra angular da saúde mental".

Segundo *Dewhurst-Maddock* (1999), "o som e a música, juntos, unem os corações e as mentes de milhões em causas comuns".

De fato, essa percepção tem sido confirmada reiteradamente durante a realização das atividades da MHT com os trabalhadores.

Uma participação alegre e espontânea e um trabalho em equipe prazeroso e cooperativo têm geralmente sido obtidos mediante a exploração da riqueza da música, que, comprovadamente, constitui estímulo motivador para a participação dos trabalhadores em atividades como as relacionadas a seguir.

Objetivos do uso da música

— Criar um clima que estimule a participação grupal de forma prazerosa e alegre.

— Abrir canais para a livre expressão e o exercício da criatividade.

— Favorecer o processo de ensino-aprendizagem.

— Promover o relaxamento e a liberação de tensões.

2.1.1. Atividade: Instrumentos musicais construídos com sucatas

Público-alvo: Participantes de todos os níveis hierárquicos da organização.

Número de participantes: Ilimitado.

Duração: De uma hora e meia a duas horas.

Materiais: Latas de diferentes tamanhos e formas, garrafas de vidro vazias, materiais recicláveis diversos, cordas, barbantes, papel celofane, fita crepe, água para encher as garrafas, pedaços pequenos de madeira e ferro, cartolinas coloridas.

Instruções

1 — O facilitador explicará que a tarefa consiste em construir instrumentos musicais a partir das sucatas disponíveis; escolher uma música conhecida e ensaiar uma apresentação com os instrumentos confeccionados.

2 — Os participantes serão organizados em grupos de até vinte pessoas, distribuídos, se possível, em ambientes diferentes.

3 — Cada grupo indicará um coordenador, a quem cabe distribuir tarefas e controlar o tempo, fornecendo orientações para a execução da tarefa nos prazos determinados.

4 — A tarefa deverá ser cumprida no prazo de uma hora, e a apresentação terá a duração máxima de cinco minutos.

5 — Os participantes, ao final da confecção dos instrumentos musicais, se reunirão para as apresentações e a avaliação final.

Variação da técnica

A música escolhida para apresentação poderá ser conhecida do público em geral, ou criação de alguém do próprio grupo.

O facilitador poderá identificar se há no grupo alguém que toque algum instrumento musical; em caso positivo, poderá, após a apresentação dos grupos e de seus instrumentos musicais, solicitar uma segunda apresentação, com acompanhamento musical.

Reflexão

Refletir sobre o comportamento dos participantes, destacando aspectos tais como: cooperação, criatividade, atitudes de liderança, espontaneidade de participação, relacionamentos interpessoais, alcance de metas e organização.

2.1.2. Atividade: Canto de vida

Público-alvo: Participantes de todos os níveis hierárquicos da organização.

Número de participantes: Ilimitado.

Duração: De uma hora e meia a duas horas.

Materiais: Folhas de papel-ofício, canetas, lápis, borrachas.

Instruções

1 — O facilitador explicará que a tarefa será criar uma composição musical (letra e música), baseada no tema "cantando a vida em segurança", no ritmo escolhido pelo grupo, que deverá ensaiar e fazer uma apresentação para os demais participantes.

2 — Os participantes serão organizados em dois grupos, os quais se reunirão, preferencialmente, em ambientes diferentes.

3 — Cada grupo indicará um coordenador, que ficará responsável por controlar o tempo e distribuir as atividades aos participantes, procurando fornecer orientações que contribuam para a execução da tarefa nos prazos determinados.

4 — A tarefa deverá ser cumprida no prazo de uma hora, e a apresentação terá a duração máxima de cinco minutos.

5 — Ao final da apresentação dos grupos, todos os participantes se reunirão para a avaliação do conteúdo das criações musicais.

O facilitador e os coordenadores poderão avaliar as composições quanto aos quesitos: melodia, harmonia e consistência da letra em relação ao tema proposto.

Variação da técnica

— Se o número de participantes for restrito, será formado um único grupo, que deverá indicar um coordenador e escolher de seis a oito participantes para fazerem a apresentação musical.

— Se, ao contrário, houver um número significativo de participantes, serão organizados quatro grupos, sempre indicando um coordenador, para se incumbir do controle da tarefa a ser executada.

Reflexões

— Refletir sobre a importância da identificação de nossas próprias potencialidades e do nosso envolvimento na realização de alguma nova atividade.

— Destacar que alguns dos aspectos envolvidos nesta atividade lúdica são fundamentais no ambiente de trabalho: criatividade, cooperação, confiança na capacidade dos representantes do grupo, atitudes de liderança, organização, cumprimento de tarefas em tempo predeterminado, sem desgaste nem ansiedade, alcance das metas estabelecidas.

2.1.3. Atividade: Desafio musical

Público-alvo: Participantes de todos os níveis hierárquicos da organização.

Número de participantes: Ilimitado.

Duração: De duas horas a duas horas e trinta minutos.

Materiais: Dois envelopes de cores diferentes, um contendo a relação escrita das tarefas do grupo A e o outro, a do grupo B:

Grupo A: Folhas de papel-ofício, canetas, lápis, borrachas.

Grupo B: Latas de diferentes tamanhos e formas, garrafas de vidros vazias, materiais recicláveis diversos, cordas, barbantes, papel celofane, fita crepe, água para encher as garrafas, pedaços pequenos de madeira e ferro, cartolinas coloridas.

Instruções

Caberá ao facilitador, durante a aplicação da técnica, colaborar com orientações que favoreçam a execução das tarefas nos prazos determinados:

1 — Explicará inicialmente aos participantes que serão organizados em dois grupos, cada um dos quais deverá indicar um coordenador.

2 — Explicará, em seguida, que serão desenvolvidas duas tarefas diferentes, mas executadas simultaneamente, cujo detalhamento se encontra nos dois envelopes que serão sorteados entre os coordenadores, os quais deverão esclarecer o grupo quanto às duas etapas do trabalho, controlar o tempo de execução, acompanhar e participar das atividades.

Primeira etapa

Grupo A : Criar uma música (letra e melodia) com o ritmo desejado por seus integrantes, a qual deverá ser ensaiada e apresentada aos demais participantes.

Grupo B: Construir três instrumentos musicais com os materiais disponibilizados, os quais serão tocados, em seguida.

— Os grupos se reunirão, se possível, em ambientes diferentes, para a execução de suas atividades.

— A tarefa deverá ser cumprida no prazo de uma hora, e a apresentação terá a duração máxima de dez minutos.

Segunda etapa

Após a apresentação dos grupos A e B, haverá uma apresentação artística final. O facilitador e os coordenadores unirão os dois grupos, formando um único, que deverá, no prazo de 15 minutos, apresentar uma música ensaiada pelo grupo A com acompanhamento dos instrumentos musicais criados pelo grupo B.

Variação da técnica

Poderá ser formado um único grupo, que deverá indicar um coordenador e executar as duas atividades: compor uma música, construir três instrumentos musicais, ensaiar e fazer a apresentação final.

Reflexão

Destacar a diferença entre um trabalho em grupo (cada um pode executar tarefas de forma independente, não necessariamente interativa) e um trabalho em equipe (todos unidos de forma cooperativa, buscando alcançar o mesmo objetivo). Ressaltar também que os cuidados básicos para a preservação da vida humana serão sempre uma responsabilidade coletiva, baseada na união de equipes com atenção diferenciada e respeitosa para com as pessoas.

VISUALIZAÇÃO
CRIATIVA

2.2. *Técnicas de visualização criativa*

> "Ouça a voz da sua imaginação criativa.Transmute os sons, em formas e cores, dançantes e vivos, uma visão caleidoscópica de energia e beleza [...] olhe para a árvore mergulhada em sua imaginação criativa, transmute as imagens em ritmos e melodias, livres e cantantes. Uma harmonia de energia viva e alegre."
>
> *(Dewhurst-Maddock)*

A visualização criativa é um processo de criação de impressões sensoriais mentais, de forma consciente, intencional. Não implica "ver", mas gerar imagens mentais. Segundo *Day* (1994), "visualização é o uso consciente da imaginação criativa, aplicada ativamente na vida cotidiana, com os propósitos de atingir metas, superar obstáculos, conhecer a si mesmo e melhorar a qualidade de vida".

Esse processo constitui um eficiente meio de auxiliar o desenvolvimento da habilidade de criar imagens mentais positivas, estimulando o trabalho dos dois hemisférios cerebrais, simultaneamente.

De acordo com *Gérard Renoux*, pesquisador da Universidade de Tours na França, "o cérebro, ao comandar o sistema imunológico, requer a cooperação entre os hemisférios direito e esquerdo, considerando que qualquer alteração nessa simetria compromete a delicada regulação do sistema imunológico, aumentando a vulnerabilidade a doenças".

Recentes pesquisas revelaram que o ser humano pensa por meio de imagens o tempo todo. Tais estudos estão auxiliando a entender melhor como o cérebro executa essas imagens mentais. *Stephen Kosslyn* (1985), em seu livro *Human Abilities*, descreve experimentos que demonstram que o processo de visualização, a formação de quadros mentais abstratos na imaginação e o processo de percepção visual de uma ocorrência são eventos exatamente semelhantes no cérebro, ou seja, a imagem de um objeto formado mentalmente cria no cérebro as mesmas representações que a percepção física do objeto. As pesquisas também evidenciaram que algumas alterações no corpo físico estão fortemente associadas a certos modos de pensar e que as imagens produzem efeitos emocionais análogos aos das entradas sensoriais. Por exemplo, imaginar uma experiência triste ou feliz evoca as mesmas emoções que a experiência na vida real evocaria.

De acordo com *Staples* (1994), a tela mental no cérebro consegue, de algum modo, imitar as propriedades do espaço tridimensional. É como se as células cerebrais se juntassem para formar uma disposição muito semelhante à de um computador eletrônico.

Estudiosos do tema verificaram ainda, pesquisando as emoções, que a produção de imagens mentais é afetada pelo padrão de sentimentos gerados. Se forem negativos (tristeza, raiva), podem reduzir a capacidade de percepção de detalhes do ambiente externo, fator que pode interferir na percepção dos riscos ambientais.

Segundo *Rodgers* e *Hammertein, apud Damásio* (2004), quando, num certo momento, nos sentimos bem, cheios de energia e esperança, ou nos sentimos ansiosos, sem saber o porquê, os pensamentos que originam esses estados são capazes de desencadear emoções e sentimentos.

Em nossas experiências com grupos de trabalhadores hipertensos, encaminhados pelo Setor de Medicina da empresa, pudemos comprovar a efetividade da visualização criativa, por meio de seus relatos sobre o bem-estar experimentado e as imagens relembradas durante os exercícios da MHT. A título de ilustração, é pertinente registrar a fala emocionada de um trabalhador da linha de produção, com 58 anos de idade: "[...] fui pensando [...] pensando em um lugar que gostava muito, e, na minha ideia, senti que voltei à minha escola na fazenda, quando eu era menino, e lembrei do canto do passarinho de minha professora, que ficava em uma gaiola, na parede perto da porta da sala de aula [...] fiquei muito feliz [...]".

O relato desse trabalhador, dentre outros, cujo ponto comum é a percepção de estar revivendo sensações experimentadas no local relembrado, enriqueceu a compreensão dos estudos efetuados, confirmando a associação entre o pensamento e o sentimento que desperta.

É importante também ressaltar que, nas fases de verificação dos resultados da aplicação das técnicas e de acompanhamento dos grupos de trabalhadores hipertensos, foi possível constatar, pelo registro do Setor de Medicina da empresa, a redução do nível de hipertensão em alguns trabalhadores, após participarem de atividades semanais, envolvendo exercícios de visualização e relaxamento.

A partir dessas observações, diretamente relacionadas ao uso da música e de exercícios de relaxamento e meditação como formas de prevenção e cura do *stress* ocupacional, decidiu-se integrar as vivências de visualização criativa às atividades da Metodologia de Harmonização no Trabalho. A efetividade da utilização de exercícios envolvendo imagens mentais, nas atividades de saúde ocupacional desenvolvidas nas organizações, foi reiteradamente comprovada na prática.

Objetivos

— Desenvolver a percepção, a concentração e a criatividade.

— Aliviar preocupações e tensões geradoras de fadiga.

— Possibilitar a adequada autoaplicação da técnica.

— Tornar o participante um agente multiplicador, inclusive no ambiente familiar.

2.2.1. Atividade: Desenvolvendo a capacidade de mentalização

Público-alvo: Participantes de todos os níveis hierárquicos da organização.

Número de participantes: Ilimitado.

Duração: De cinco a dez minutos.

Materiais: Aparelho de som, CDs de músicas orquestradas com sons da natureza ou outros bem suaves. Opcional: uso de gravuras ou projeções de cenas da natureza.

Músicas sugeridas (composições musicais suaves, somente orquestradas):

• Imagens — Aurio Conrá.

• Melodia dos Pássaros — N ature Project (Composições, arranjos & produção).

• Tranquilo Riacho — Sound Design & Produção CORCIOLLI

• Melodias da natureza vol. 1 — São Paulo: KF — Digital Studio Kenio Fuke. (CD-ROM)

• Canto das águas — Série Cantos dos Planetas — Manaus: Sonopress Ritmo da Amazônia Ind. e com. Fon. Ltda, 2005. (CDROM)

Instruções

1 — Na abertura das atividades, o facilitador deverá proceder às seguintes reflexões:

• Ressaltar a importância de viver em harmonia com a natureza e com as pessoas que nos cercam, procurando amar a vida e a nós mesmos. Explicar que estar em harmonia com as pessoas e com o ambiente significa respeitar a vida, tratando bem o próprio corpo, equilibrando a mente e buscando manter hábitos saudáveis.

• Reforçar a importância da criatividade, que todos possuem em maior ou menor grau, a qual precisa ser exercitada, para ser desenvolvida.

• Mostrar que o tipo de exercício que será desenvolvido amplia a capacidade de atenção e de concentração.

• Ressaltar que a mente de cada um é sempre um canal aberto para encontros com a harmonia. Cada contato com as forças da natureza, mesmo que criadas pela imaginação, representa energia que integrará o ser, de forma completa e plena.

2 — No encerramento das atividades, não é necessária qualquer reflexão. Interromper o exercício calmamente, deixando que os participantes fiquem centrados nas sensações vivenciadas durante a mentalização.

3 — O facilitador deverá procurar manter o mesmo tom de voz na condução do exercício, dando as instruções de forma pausada e lenta:

• "Vamos nos acomodar confortavelmente nas cadeiras, mantendo a coluna ereta. Vamos fechar suavemente os olhos e concentrar na música que está tocando, buscando identificar cada som ouvido. Estamos envolvidos pela suavidade dos sons. Vamos senti-los intensamente.

• Agora, vamos inspirar três vezes, deixando o ar entrar profundamente pelas narinas e soltando-o lentamente pela boca. Vamos observar a sensação de alívio e relaxamento que sentimos ao soltarmos o ar inspirado."

4 — O facilitador deverá conduzir o grupo no sentido de criar quadros mentais que produzam relaxamento e bem-estar. Ao final do exercício, deverá deixar a música tocando por mais alguns instantes, enquanto observará os participantes, buscando perceber o melhor momento para iniciar o "despertar" do grupo, mediante as seguintes instruções:

• "Agora, vamos lentamente, movimentar os braços, as pernas, as mãos. Vamos inspirar profundamente e ir voltando aos poucos do nosso passeio, do nosso sonho acordado. Vamos abrir os olhos lentamente, espreguiçar, movimentar os ombros e retornar ao ambiente".

Sugestões de exercícios

Exercício 1 — Cachoeira e luz

"Vamos procurar ficar em uma posição bem confortável... olhos fechados... vamos acompanhar o ritmo da respiração e ouvir os batimentos do próprio coração... vamos mergulhar dentro de nós mesmos ... escutar os próprios sons..."

"Imaginemos uma cachoeira... com suas águas caindo por cima de altas pedras, como se fosse uma espuma branca, que aumenta rapidamente de volume..." "Vamos sentir a beleza dessa cena... observemos os musgos sobre as pedras... a vegetação úmida entrelaçada ao rochedo por onde a cachoeira cai... vamos ouvir o rumor cada vez mais forte das águas, abafando todos os nossos sons interiores, vamos prestar atenção somente no rumor da cachoeira, sentir no rosto o frescor das gotículas que se desfazem, quando nos tocam... como a chuva fina que refresca e alivia...vamos nos concentrar na música..."

"Agora vamos observar a força das águas, sentir sua energia e acompanhar seu deslizar até o término de sua queda, onde um lago sereno, de águas cristalinas, contrasta com o movimento forte das águas caindo..."

"De onde estamos, na margem do lago, vamos ouvir o canto dos pássaros, misturado com os sons das águas, vamos sentir o perfume doce das flores, trazido pela brisa que sopra e purifica o ar que respiramos. Somos parte integrante desta natureza, que agrega em si a energia das matas, das flores, do canto dos pássaros, da variedade de cada ser que a compõe..."

"Agora, vamos voltar a atenção para o nosso íntimo... para nossa respiração... buscar ouvir as batidas do coração... e observar como o nosso interior reflete a serenidade do lago de águas claras... o perfume da esperança e a alegria de poder compartilhar, de ser parte integrante destas forças que o universo disponibiliza para cada um de nós."

"Todos os órgãos de nosso corpo funcionam de forma equilibrada e integrada, gerando saúde e bem-estar... Vamos sentir essa paz envolvendo nosso ser. Vamos viajar através de nossa mente. Imaginação... pensamentos... energia constante de criação e vida... beleza e harmonia..."

Exercício 2 — Passeio no bosque

"Vamos fechar os olhos... inspirar profundamente e expelir o ar suavemente pela boca... vamos repetir este exercício três vezes."

"Agora, vamos construir em nossa mente algumas imagens suaves... belas... que nos transportarão a um passeio por um bosque de árvores frondosas, muito verdes..."

"Em nossa mente, surge uma trilha aberta entre eucaliptos ... uma brisa sopra por entre suas folhas... vamos inspirar novamente e prestar atenção no ar, penetrando puro em nossos pulmões... renovando nossas energias."

"Vamos seguir andando lentamente...observando cada detalhe que a natureza colocou nesta trilha por onde estamos passando... podemos ver pequeninas flores amarelas, espalhadas sobre o tapete verde e aveludado do capim, contrastando com o brilho cristalino do orvalho da manhã. Os pássaros, em seus ninhos, ensaiam o canto com que irão saudar o amanhecer e alegrar a vida... vida formada de sons... formas... imagens... luz... energia. Os raios dourados do sol, filtrados por entre as árvores, despertam a esperança de um novo renascer. Tudo é luz à nossa volta. Podemos sentir e perceber a harmonia da natureza. Podemos entender que somos parte integrante dela."

"Chegamos a um espaço aberto em meio à trilha. Vamos explorar a beleza deste lugar: as águas claras e cristalinas de um riacho banham as multicoloridas flores de suas margens. Grandes ipês amarelos se destacam em meio às árvores... o céu muito azul..."

"Paremos um pouco e criemos mentalmente a imagem de nossas flores preferidas, agregando novo perfume e colorido à paisagem. Vamos enfeitar o espaço com cores e perfumes. O cheiro adocicado do ar à nossa volta nos dá sensação de profundo bem-estar."

"Voltemos o olhar para o nosso interior, transportando o que sentimos de bom para todo o nosso ser. Agora, vamos retornar lentamente pela trilha, harmonizados e integrados à natureza, alegres pela nossa capacidade de criar, de mentalizar a saúde."

"Agora, retornemos à sala. Vamos movimentar os pés... as mãos... os braços... vamos abrir os olhos, com a certeza de que estamos em equilíbrio, integrados, o que nos torna plenos de luz e energia de vida."

Exercício 3 — "Arcoirizar"

"Vamos nos colocar em posição confortável... movimentar os ombros, procurando soltá-los... inspirar profundamente e soltar lentamente o ar pela boca."

"Agora, vamos pensar, de olhos fechados, em uma chuva muito mansa, que cai sobre jardins floridos. As flores mostram-se agradecidas pela suavidade com que as gotas de chuva limpam suas pétalas e penetram no solo para alimentá-las. Lentamente, a chuva vai parando... os raios de sol retornam e, à medida que tocam as gotas da chuva, várias cores se formam no ar, e um belo arco-íris surge no céu. Não sabemos onde começa ou termina, mas podemos perceber sua beleza e luminosidade."

"Agora, vamos imaginar que podemos caminhar sobre este arco-íris... vamos pisar bem leve sobre suas cores...vamos caminhar sobre suas faixas coloridas... macias como algodão... fantástico... à medida que pisamos em cada faixa, pequeninas faíscas luminosas se espalham à volta dos nossos pés...

tonalidades de vermelho... laranja... amarelo... verde... azul... violeta...as cores se misturam como em uma grande aquarela."

"Podemos nos integrar à beleza harmoniosa criada no universo, refletindo esperança, paz, alegria e amor. Podemos perceber nosso imenso potencial de criatividade, buscando estar integralmente bem."

Exercício 4 — "Pôr do sol"

"Vamos procurar ficar em uma posição bem confortável... fechar os olhos... inspirar profundamente e soltar lentamente o ar pela boca." Repetir o exercício respiratório por três vezes.

"Agora vamos pensar que estamos em uma praia deserta para assistir o pôr do sol. Caminhamos tranquilamente pelo local onde as ondas se quebram podendo sentir em nossos pés a espuma que se forma. Olhamos para o horizonte e percebemos a luz do sol em matizes de vermelho e laranja bem fortes. O sol inicia sua despedida, mas ainda percebemos sua presença no calor que vem da areia que pisamos. Tudo ao nosso redor parece reter consigo um pouco da vibração do astro-rei que brilhou durante todo o dia. A brisa que sopra suavemente é morna. A água do mar está levemente aquecida. Gaivotas cruzam os ares buscando localizar peixes à flor d'água, aproveitando os últimos raios da luz do sol. Os sons da natureza começam a se aquietar e o silêncio quase toma conta do lugar. Ouvimos somente o barulho do mar ao longe, suas ondas a se quebrarem nas pedras distantes. A natureza prepara-se para o anoitecer, recolhe-se para descansar. Sentimos então que a tranquilidade ambiente se tranfere para nosso corpo e todas as suas funções se regularizam pouco a pouco. Podemos nos integrar à harmonia que reina na natureza, buscando estar integralmente bem."

Variação da técnica

Podem ser utilizadas, inicialmente, gravuras ou projeções de cenas da natureza, jardins, florestas, praias, montanhas, pontos turísticos, em apresentação rápida, após a qual os participantes receberão a instrução de fechar os olhos e imaginar-se passeando nesses locais. A partir daí, seguir as instruções gerais.

Reflexões

— Destacar a importância desta atividade como treinamento mental, focando estímulos positivos, como uma estratégia para reduzir tensões e prevenir adoecimentos.

— Ressaltar a importância da preservação do meio ambiente.

MEDITAÇÃO E RELAXAMENTO

2.3. Técnicas de relaxamento e meditação

"Penso 99 vezes e nada descubro. Deixo de pensar,
mergulho no silêncio, e a verdade me é revelada."
Albert Einstein

Ao pesquisar recursos capazes de ampliar a capacidade de atenção e concentração dos trabalhadores na tarefa a ser executada, indispensável à prevenção de riscos, considerou-se essencial a inclusão de técnicas de meditação e relaxamento, um dos métodos mais antigos para tranquilizar a mente e equilibrar o corpo, sem, contudo, deixar as pessoas "desligadas" do que ocorre à sua volta, como equivocadamente alguns creem. De acordo com *Osho* (2007), em sua essência, meditar é apenas a arte de ser perceptivo a tudo o que acontece dentro e ao redor de nós. *Goleman* (1999), por sua vez, observa que a meditação é, basicamente, o treinamento sistemático da atenção, com os objetivos de desenvolver a capacidade de concentração e enriquecer nossa percepção.

O conhecimento dos efeitos benéficos da meditação vem de longa data. Na Índia, encontram-se textos sobre o assunto, datados de cinco mil anos atrás. Porém, somente a partir das pesquisas do fisiologista *Robert Keith Wallace* e do cardiologista *Herbert Benson* (1972), da Universidade de Harvard, é que essa técnica passou a ser estudada nos laboratórios das universidades ocidentais.

Pesquisas realizadas em todo o mundo concluíram que a meditação, entre outros benefícios, previne e combate a depressão, a hipertensão arterial, a dor crônica, a insônia e a ansiedade, além de ajudar a reduzir a dependência de drogas.

Reconhecendo nessas patologias algumas das causas geradoras de absenteísmo, no âmbito das organizações, percebemos ser a meditação um importante instrumento para a promoção da saúde e da qualidade de vida no trabalho, motivo que justificou a iniciativa de inclusão dessa técnica entre as já usadas na MHT.

Em fevereiro de 2006, o Centro Nacional de Medicina Complementar e Alternativa — NCCAM, órgão ligado ao Instituto Nacional de Saúde — NIH, responsável pelas pesquisas de saúde do governo dos EUA, reconheceu a meditação como "procedimento de saúde". Para chegar a essa tese, o órgão consultou artigos produzidos por médicos de todo o mundo, especialmente o trabalho dos pesquisadores brasileiros da Universidade Federal de São Paulo — UNIFESP, dentre os quais destacamos o Dr. *Roberto Cardoso*, especialista em ginecologia e obstetrícia e docente colaborador e organizador de cursos de pós-graduação relacionados à Qualidade de Vida e Meditação, na UNIFESP.

Conforme *Roberto Cardoso*(4), em 2004, na *Brain Research Protocols*, um dos maiores grupos de revistas de neurociências do mundo, a meditação é um método autoinduzido que utiliza uma técnica específica, o 'relaxamento da lógica', propiciando um relaxamento psicofísico, ou seja, "a pessoa se utiliza de uma técnica, [...] que pode ser um exercício respiratório, uma imagem ou movimento específico, para focar a mente e parar de produzir pensamentos."

Pesquisadores do Departamento de Psicobiologia da UNIFESP evidenciaram que a prática regular da meditação altera o padrão das endorfinas (neurotransmissores que reduzem o *stress*), promove a sensação de bem-estar, auxilia no combate a dores crônicas e reduz o nível de cortisol, hormônio ativado em situações de alerta / *stress*. A duração das chamadas "reações de alarme", nas pessoas que têm o hábito da meditação, é mais curta; a pressão sanguínea e a força de contração do coração ficam alteradas por pouco tempo, comprometendo menos a saúde. Em maio de 2006, o Ministério da Saúde brasileiro, reconhecendo os benefícios dessa técnica milenar, baixou a Portaria n. 971, de 3 de maio de 2006, incentivando os postos de saúde e hospitais públicos a oferecerem atividades de meditação em todo o país.

Também programas realizados em Havard e na Universidade de Massachusetts revelaram o sucesso da meditação em centenas de hipertensos. O psicólogo *Gary Schwaríz*, em suas pesquisas, comprovou que aqueles que meditam regularmente, além de apresentarem um nível diário de ansiedade muito menor do que os que não meditam, têm menos problemas psicológicos e/ou psicossomáticos.

Estudos realizados por *Robert Keith Wallace* (1972), também na Universidade de Harvard, confirmaram que a meditação reduz o metabolismo, bem como a frequência cardíaca e respiratória, o que leva a menor consumo de oxigênio pelas células, menor eliminação de dióxido de carbono e diminuição da condutividade elétrica da pele (reflexo psicogalvânico).

Quando se medita, um hormônio chamado arginina-vasopressina, que melhora a memória, é liberado na corrente sanguínea, ativando a região cere-

---

(4) CARDOSO, R.; SOUZA, E.; CAMANHO, L.; LEITE, J.R. Meditation in health: an operational definition. In: *Brain Research Protocols*, 14 (58-60), 2004.

bral chamada hipocampo, responsável pela concentração. Esse aspecto é fundamental, em termos de conduta prevencionista, razão pela qual buscou-se incluir o relaxamento e a meditação nas atividades de aplicação da Metodologia de Harmonização no Trabalho, cuja grande meta é possibilitar aos trabalhadores técnicas e exercícios autoaplicáveis em seu dia a dia, no ambiente de trabalho e em outros locais.

Objetivos

— Reduzir sintomas de ansiedade.

— Desenvolver a capacidade de concentração (construção individual de uma atenção centrada) em si mesmo.

— Aliviar tensões que possam afetar o equilíbrio individual e coletivo.

— Treinar exercícios autoaplicáveis.

— Conscientizar os participantes da importância da correta respiração, por meio de exercícios práticos.

2.3.1. Atividade: Viajando em si mesmo

Público-alvo: Participantes de todos os níveis hierárquicos da organização.

Número de participantes: Ilimitado.

Duração da atividade: De cinco a dez minutos.

Materiais: Aparelho de som, CDs com músicas suaves e sons da natureza.

Músicas sugeridas (Composições musicais suaves, somente orquestradas):

- Imagens — Aurio Corrá
- Melodia dos pássaros — Nature Project (Composições, arranjos & produção)
- Tranquilo Riacho — Sound Design & Produção CORCIOLLI.
- Melodias da Natureza vol.1 São Paulo: KF — digital Studio Kenio Fuke. CD-ROM.
- Canto da águas — Série Cantos dos Planetas — Manaus: Sonopress Ritmo da Amazônia Ind. e Com.Fon.Ltda., 2005. CD-ROM.

Instruções

1 — O facilitador deverá explicar que se trata de um exercício que poderá ser praticado em qualquer lugar, trazendo benefícios e sensações de bem-estar.

2 — Dar as instruções de modo pausado:

"Vamos nos acomodar confortavelmente, com a coluna ereta, relaxando os ombros. Vamos descruzar as pernas e descansar as mãos sobre os joelhos. Agora, fechando os olhos suavemente, sem apertá-los, vamos prestar atenção à respiração. Durante todo o exercício, vamos ficar de olhos fechados e em silêncio."

"Vamos respirar pelo nariz de forma lenta e profunda, procurando encher bem o pulmão. Segurando o ar inspirado, vamos contar até três, soltar o ar pela boca lentamente, contando até três, e repetir três vezes este exercício."

"Vamos sentir o ar inspirado levando novas energias para todo o nosso ser, e o ar expirado liberando tensões acumuladas."

"Vamos permanecer respirando lenta e profundamente, observando as sensações de paz, de tranquilidade, de bem-estar que inundam nosso corpo."

"Vamos procurar esvaziar a mente, centrando a atenção na respiração."

3 — Próximo ao término do tempo, o facilitador solicitará que os participantes dirijam sua atenção para o local em que estão assentados, abrindo lentamente os olhos. Poderá perguntar sobre as sensações percebidas durante o exercício.

Variações da técnica

— Este exercício poderá ser feito ao som de música ambiente suave, ou com sons da natureza, o que contribuirá para o relaxamento.

— Poderá também ser conduzido sem o uso de música ambiente.

— Se houver recursos, poderão ser gravadas fitas ou CDs com exercícios de relaxamento, para que os participantes possam treinar em suas casas, atuando como multiplicadores junto à família.

2.3.2. Atividade: Respiração e vida

Público-alvo: Participantes de todos os níveis hierárquicos das organizações.

Número de participantes: Ilimitado.

Duração da atividade: De cinco a dez minutos.

Materiais: Aparelho de som, CDs com músicas suaves e sons da natureza (opcional).

Instruções

O facilitador deverá conduzir o exercício com um tom de voz constante, lento e pausado:

"Vamos nos colocar em posição confortável, com as costas apoiadas, em posição ereta mantendo a cabeça levantada."

"Vamos fechar os olhos, respirar profundamente e tomar consciência do próprio ritmo respiratório."

"Prestemos atenção ao ar inspirado e expirado e ao movimento do diafragma (músculo que separa o tórax do abdome, responsável pela respiração humana)."

"Vamos observar todas as sensações percebidas durante a respiração, sem nos dispersar, com a atenção voltada exclusivamente para a respiração."

"Vamos repetir o exercício, até sentirmos que o ritmo respiratório está trazendo sensação de bem-estar."

"Vamos abrir os olhos. Podemos repetir este exercício sempre que sentirmos necessidade de equilíbrio interior."

Variação da técnica

Este exercício poderá ser feito ao som de música ambiente suave, com sons da natureza, ou somente com as instruções do facilitador.

Reflexão

Lembrar que respirar bem é fundamental para a saúde. A respiração, da mesma forma que a alimentação, é fonte da energia vital para o organismo.

2.3.3. Atividade: Reencontro da paz

Público-alvo: Participantes de todos os níveis hierárquicos da organização.

Número de participantes: Ilimitado.

Duração da atividade: De cinco a dez minutos.

Materiais: Aparelho de som, CDs com músicas suaves e sons da natureza (opcional).

Instruções

Caberá ao facilitador criar um clima de relaxamento e conduzir a meditação em tom uniforme, tranquilo e pausado:

"Vamos nos sentar em uma posição confortável, certificando-nos de que a coluna e a cabeça estão bem eretas."

"Vamos fechar os olhos, respirar fundo. Enquanto expiramos, vamos procurar relaxar o corpo.... Vamos inspirar o ar mais uma vez, profundamente, e relaxar mais o corpo...Inspirando fundo novamente e observando o relaxamento... Se percebermos alguma parte tensa, vamos dirigir a atenção para esse ponto... inspirar profundamente e expirar, sentindo que esse ponto está se soltando."

"Vamos inspirar novamente, bem profundamente e expirar, sentindo que a mente está relaxando... vamos permitir que ela se acalme lentamente... estamos nos sentindo leves, totalmente relaxados... como flutuando no ar."

"Imaginemos um pássaro que voa tranquilo e vamos acompanhá-lo nesse voo... imaginemos uma brisa leve tocando nosso rosto... vamos inspirar e expirar suavemente."

"Estamos chegando em um local muito bonito...tranquilo... um local especial... cheio de paz, beleza, segurança..."

"Paremos um pouco neste local...vamos sentir o clima, o ar desse lugar reconfortante, ao qual podemos voltar sempre, quando quisermos, fechando os olhos, respirando profundamente e mentalizando-o."

"Estamos nos sentindo mais equilibrados... leves... soltos... Agora, vamos movimentar suavemente o corpo...a cabeça. Vamos retornar à sala onde estamos fisicamente. Vamos abrir os olhos devagar e voltar ao ambiente."

"Podemos repetir este tipo de exercício sempre que sentirmos necessidade de reencontrar a paz e o equilíbrio interior."

Variação da técnica

É importante destacar que este exercício poderá ser feito ao som de música, em ambiente suave, com sons da natureza, ou ser conduzido sem o uso de música ambiente, apenas com as instruções do facilitador.

Reflexão

Destacar a importância de respirar corretamente, de praticar exercícios de relaxamento e meditação como forma de eliminar tensões, favorecendo o reequilíbrio mental e físico.

ATIVIDADES COM ARTES

2.4. *Técnicas envolvendo artes*

> "Criar significa mais do que inventar,
> mais do que produzir algum fenômeno novo."
> *Fayga Ostrower*

A arte abre caminhos para a livre criação e para uma nova forma de expressão e percepção do ambiente, estabelecendo conexões capazes de promover o reequilíbrio psíquico e criar condições de bem-estar, que muito favorecem o complexo processo de promoção da saúde e segurança no trabalho.

Segundo *Bosi* (1985), "o trabalho de arte passa pela mente, pelo coração, pelos olhos, pela garganta, pelas mãos; e pensa, e recorda, e sente, e observa, e escuta, e fala, e experimenta, e não recusa nenhum momento essencial do processo poético".

Esse referencial estimulou a criação e o desenvolvimento de atividades em que os trabalhadores pudessem ter maior contato com as diferentes linguagens das artes, em experiências capazes de influenciar sua forma de interação e comunicação com as pessoas, sua criatividade, sensibilidade e capacidade de ver, sentir e ouvir, ampliando a percepção de si mesmos, dos outros e do meio em que vivem.

A criação de situações envolvendo as diferentes linguagens das artes, associadas a cuidados básicos com a saúde e a segurança, auxiliou a provocar mudanças e a ressignificar a responsabilidade individual e coletiva nos processos de promoção do bem-estar no ambiente de trabalho.

Para *Ostrower* (1977), criar representa uma intensificação do viver, um vivenciar-se no fazer: "é uma realidade nova, que adquire dimensões novas, gerando o sentimento de um crescimento interior, em que nos ampliamos em nossa abertura para a vida".

Segundo *Urritigaray* (2003, p. 133), a interação em espaços de convivência com a arte e as experiências continuadas com matérias aptas a sofrerem transformações podem criar oportunidades "para que os usuários ampliem sua sensibilidade e possibilidades de organização individual e coletiva, podendo modificar suas formas de agir e reagir, demovendo, pouco a pouco, os critérios negativos internalizados e reduzindo as defesas".

A inclusão de atividades com arte na MHT, associadas a outras técnicas, mostrou-se realmente um recurso facilitador para minimizar resistências e possibilitou a criação de um ambiente propício à aprendizagem de conceitos e atitudes fundamentais à promoção da segurança dos trabalhadores.

A arte, enquanto área do conhecimento, em ação conjunta com outras técnicas, facilitou não só a compreensão da importância do comprometimento de cada trabalhador com a própria segurança e com seu bem-estar, mas também viabilizou o exercício de criar soluções para estender os benefícios desse aprendizado aos colegas de trabalho e também aos familiares e amigos fora dos muros da empresa.

Objetivos

— Promover a vivência de integração grupal.

— Desenvolver a capacidade de trabalhar em equipe com organização e planejamento.

— Estimular a criatividade e conscientizar os participantes de suas potencialidades e habilidades criativas.

— Refletir sobre a questão do desperdício de materiais e sobre a necessidade de preservação do meio ambiente.

— Conscientizar os participantes da importância de aproximação da natureza e observação de formas, cores, flores, folhas e sons, como forma de eliminar tensões e promover o relaxamento.

— Dentre as diversas modalidades de técnicas envolvendo as diferentes linguagens das artes, destacamos as seguintes:

2.4.1. Atividade: Jardim da segurança

Público-alvo: Participantes de todos os níveis hierárquicos das organizações.

Número de participantes: Ilimitado.

Duração da atividade: De uma a duas horas (dependendo do número de participantes).

Materiais: Sucatas, materiais descartáveis, fita adesiva, tesouras, pedaços de barbante, cartolina, folhas de papel colorido, folhas de revistas, papel crepom de diversas cores, pedaços de arame, pincel atômico, canetas hidrocor, clips usados etc.

Instruções

1— Os participantes deverão formar dois grupos, cada um dos quais indicará um coordenador, que terá a responsabilidade de organizar e distribuir as tarefas.

2 — Cada grupo deverá construir um jardim, utilizando os diversos materiais recebidos, e montar um painel.

3 — Ao final da tarefa, os dois jardins criados deverão ser expostos.

Variação da atividade

— Dependendo do número de participantes, poderá ser formado um único grupo, utilizando sucatas dos materiais com que trabalham, selecionadas pelos próprios participantes.

— Poderão ser associadas frases ou cartazes alusivos à segurança ou preservação da natureza e do meio ambiente, para compor a apresentação final da atividade.

Reflexões

— Após a construção dos jardins da segurança, os comentários sobre os itens a serem destacados deverão estar associados à normalização técnica aplicável ao tema.

— Enfatizar a forma cooperativa de relacionamento interpessoal como geradora de criatividade e fortalecimento da segurança no trabalho.

— Ressaltar que a criatividade dos participantes fez brotar flores de um material descartável.

— Destacar a importância de evitar desperdícios de materiais e a responsabilidade individual no sentido da preservação da natureza e da defesa do meio ambiente.

— Reiterar que a atividade realizada pode ser desenvolvida com os familiares, ampliando-lhes a percepção em relação aos cuidados com desperdícios no próprio lar e na natureza.

2.4.2. Atividade: Descoberta de talentos

Público-alvo: Participantes de todos os níveis hierárquicos da organização.

Número de participantes: Ilimitado.

Duração da atividade: De duas a quatro horas.

Materiais: Folhas de papel-ofício, canetas, lápis, borracha, cortes de tecidos, tesouras, cartolina, papel kraft.

Instruções

1 — O facilitador deverá explicar que a tarefa do grupo consistirá em escrever, ensaiar e apresentar uma peça teatral relacionada com a segurança no trabalho.

2 — O grupo deverá indicar um coordenador, que será o diretor da peça e distribuirá as seguintes funções entre os componentes do grupo: autores da peça, atores e atrizes principais e coajuvantes, figurantes, sonoplasta e outras consideradas necessárias.

3 — A tarefa deverá ser cumprida no prazo de uma hora, e a peça teatral terá a duração máxima de 15 minutos.

4 — Cabe ao facilitador, durante a aplicação da técnica, colaborar com orientações que venham a contribuir para a execução da tarefa nos prazos determinados.

Variação da atividade

Apresentar temas específicos a serem desenvolvidos nas peças teatrais, relacionados com dificuldades vivenciadas pelo grupo em relação a saúde, higiene e segurança no trabalho.

Reflexão

Refletir sobre o comportamento dos participantes, destacando aspectos tais como: a cooperação, criatividade, atitudes de liderança, espontaneidade de participação, relacionamentos interpessoais, alcance de metas e organização.

2.4.3. Atividade: A arte de se relacionar

Público-alvo: Participantes de todos os níveis hierárquicos da organização.

Número de participantes: Ilimitado.

Duração da atividade: Aproximadamente uma hora.

Materiais: Peças de montar tipo "Lego" suficientes para cada pessoa montar um objeto.

Arranjo físico: Sala ampla, estando os materiais a serem utilizados ao meio, no chão.

Instruções

1 — Os participantes, após as apresentações, devem pensar em algo a fazer com o material que se encontra no chão (10 a 15 minutos, dependendo do número de participantes, que poderão ser divididos em subgrupos de quinze a trinta pessoas).

2 — O facilitador avisará que todos terão 5 minutos para construir sua obra de arte pessoal.

3 — Após terem cumprido a tarefa, solicitar que formem uma só equipe levando cada um sua construção individual e que juntos construam uma obra de arte coletiva representando o pensamento de todo o grupo. Tempo previsto:15 minutos.

4 — O grupo apresentará a obra de arte coletiva e discutirá os passos vivenciados para sua construção.

Variação da atividade

Podem ser utilizados materiais recicláveis, tipo sucata, argila e massinhas coloridas.

Reflexão

Refletir sobre a integração do grupo na execução de um trabalho em equipe partindo das habilidades pessoais de cada componente.

Incentivar os participantes a levarem suas conclusões para o ambiente profissional.

ATIVIDADES LÚDICAS

2.5. *Técnicas lúdicas*

> "O lúdico e as brincadeiras dirigidas resgatam a alegria, ampliam a percepção, estimulam a criatividade, melhoram as relações grupais e auxiliam a dar um novo significado ao trabalho e à vida."
>
> *Diana Ferreira*

Na busca por espaços interativos, visando a uma efetiva construção de novas práticas e ações de prevenção, as atividades lúdicas, que envolvem técnicas de aquecimento e integração grupal e jogos cooperativos foram identificadas como uma estratégia eficaz, por promoverem atitudes de cooperação entre os participantes e favorecerem a interpretação dos acontecimentos, a partir da apropriação lúdica do vivido.

Segundo *Gonçalves* e *Perpétuo* (1998), o uso de dinâmicas nos processos de grupos visa a proporcionar momentos educativos, o que facilita a vivência de situações inovadoras, em todos os níveis.

Bayer (1994), reportando-se à corrente pedagógica denominada Pedagogia das Situações, observa que a utilização de jogos coletivos como estratégia de ensino desenvolve, "a partir de situações vivenciadas, a iniciativa, a imaginação e a reflexão, que favorecem a aquisição de um saber adaptado às situações causadas pela imprevisibilidade". Essa abordagem, além de promover nos indivíduos a cooperação com seus companheiros e a integração do coletivo, mostra as possibilidades de percepção da "situação de jogo", interferindo na tomada de decisão e na elaboração de "soluções mentais".

Em face dessas constatações, optou-se pela inclusão dos jogos e atividades lúdicas na Metodologia de Harmonização no Trabalho, e os retornos obtidos revelaram-se compensadores, uma vez que foi possível evidenciar que, diferentemente de outros métodos de ensino, o jogo envolve inteiramente os participantes, possibilitando ensinar conceitos, ampliar a compreensão sobre o cumprimento de normas e resolver problemas de forma criativa. Adicionalmente, favorece a comunicação interpessoal, o desenvolvimento de relações profissionais positivas e a maior interação nos grupos de trabalho, além de estimular o exercício da criatividade e da atenção.

Se adaptadas de forma adequada, as atividades lúdicas facilitam o processo de ensino-aprendizagem de conceitos e atitudes fundamentais para a promoção de saúde e segurança, auxiliando a reduzir as resistências apresentadas diante da necessidade do cumprimento de Normas Regulamentadoras

— NR. Entretanto, de acordo com o psicólogo *Yudi K. Yoso* (1996), consultor e supervisor de jogos dramáticos, na área de desenvolvimento pessoal, "não basta possuir um imenso acervo de jogos e aplicá-los aleatoriamente. Se o jogo adequado quebra a resistência e estimula a criatividade, o jogo inadequado pode produzir resultado exatamente oposto".

Compartilhando o entendimento desse profissional, optou-se pela criação e adaptação de jogos que não centralizassem a atenção em regras rígidas de execução, mas que possibilitassem estabelecer um clima motivacional que incentivasse a maior participação dos trabalhadores e seu interesse pelas questões relacionadas à segurança no ambiente profissional. Tal opção revelou-se bastante positiva uma vez que proporcionou o resgate da alegria e do companheirismo durante os jogos, transformando os encontros promovidos pela empresa em saudáveis atividades geradoras de prazer e harmonia.

É pertinente lembrar que pesquisadores do campo da neurociência têm observado que os mapas neurais ligados à alegria influenciam o estado de equilíbrio do organismo, aspecto que pôde ser reiteradamente comprovado durante a realização das atividades interativas propostas nos treinamentos.

A vivência de jogos e atividades lúdicas, incorporada às demais técnicas, ampliou o processo de participação dos trabalhadores.

Muitos deles relatam que ensinaram aos filhos as atividades e os jogos aprendidos, contando detalhes do comportamento da família nesses momentos. Essa conduta evidencia que a aparente simplicidade dos jogos e brincadeiras possibilitou a abertura de um grande canal para motivar os cuidados com a promoção da saúde e da segurança, inclusive no ambiente externo ao trabalho.

O exercício de atividades lúdicas, os jogos coletivos e as brincadeiras possibilitaram envolver inteiramente os trabalhadores no desempenho de papéis diversificados, numa dimensão afetivo-funcional.

Cabe ainda ressaltar que os jogos coletivos e as brincadeiras grupais devem ser sempre precedidas da aplicação de técnicas de aquecimento e integração.

2.5.1. Técnicas de aquecimento

Objetivos

— Criar um clima de descontração e propiciar maior integração entre os participantes;

— Estimular o exercício da criatividade;

— Ensinar conceitos e cuidados básicos de segurança mediante a utilização de metáforas;

— Conscientizar os participantes da importância da união de todos para a consecução de uma tarefa;

— Demonstrar a importância da percepção de detalhes no cotidiano do trabalho;

— Alertar sobre a necessidade de atentar para as pessoas com as quais convivemos.

2.5.1.1. Atividade: Máquinas humanas

Público-alvo: Participantes de todos os níveis hierárquicos da organização.

Número de participantes: Ilimitado.

Duração da atividade: De vinte a trinta minutos.

Material: Nenhum.

Instruções

1 — Os participantes serão organizados em várias equipes de oito a dez pessoas.

2 — As equipes terão cinco minutos para planejar a construção de uma máquina humana, à escolha do grupo, ou cujo nome lhe seja entregue por escrito. Todos os participantes atuarão como componentes da máquina, funcionando em sintonia uns com os outros.

3 — Cada equipe, findo o tempo de planejamento da atividade, demonstrará o funcionamento de sua máquina por meio de mímica, sem manifestação verbal.

4 — A tarefa final será adivinhar qual é a máquina de cada grupo, após sua apresentação.

5 — O grupo que obtiver maior quantitativo de acertos será considerado vencedor.

Variação da atividade

O facilitador poderá preparar pequenos papéis com o nome de diversas máquinas, tais como: computador, relógio, bicicleta, calculadora, máquina misturadora de concreto, britadeira, impressora etc. ou deixar livre a escolha do tipo de máquina a ser apresentada pelas equipes.

Reflexões

— Levar o grupo a refletir acerca das normas de segurança exigidas no manuseio de máquinas e equipamentos, destacando os cuidados básicos com partes do corpo que possam ser afetadas por seu uso inadequado.

— Ressaltar a importância da atitude participativa na promoção da segurança no trabalho.

— Mostrar a importância do planejamento e da organização para o alcance de metas.

3.5.1.2. Atividade: Cor e movimento

Público-alvo: Participantes de todos os níveis hierárquicos da organização.

Número de participantes: Ilimitado.

Duração da atividade: De quinze a vinte minutos.

Materiais: Balões coloridos em número superior ao quantitativo de participantes.

Instruções

1 — Cada pessoa receberá um balão colorido, que deverá encher e amarrar.

2 — Todos brincarão com seu próprio balão, jogando-o para cima.

3 — Quando for dada a ordem, os balões serão jogados de uns participantes para os outros, cuidando-se para que não caia no chão.

4 — Após reforçar que nenhum balão poderá cair no chão, o facilitador, discretamente, solicitará a um componente do grupo que se retire do jogo e se sente à parte. Pouco a pouco, fará a retirada das demais pessoas, até restar o menor número possível de participantes jogando os balões, sem deixá-los cair.

Variação da atividade

Se o número de pessoas for muito grande, serão formados dois subgrupos, para cada um dos quais será escolhido um coordenador.

Ganhará o jogo quem ficar com o menor número de participantes e o maior número de balões no ar.

Reflexões

— Mostrar a diferença entre grupo (reunião de pessoas) e equipe (reunião de pessoas buscando alcançar o mesmo objetivo).

— Ressaltar a importância do trabalho em equipe para a construção de um ambiente profissional seguro e saudável.

— Estimular os participantes a manifestarem seus sentimentos durante a atividade.

2.5.1.3. Atividade: Você ficou diferente

Público-alvo: Participantes de todos os níveis hierárquicos da organização.

Número de participantes: Ilimitado.

Duração da atividade: Quatro minutos para a execução da técnica e aproximadamente quatro minutos para comentários e encerramento.

Material: Nenhum.

Local: Espaço livre, sem cadeiras.

Instruções

1 — O facilitador orientará a formação de duplas, colocando um participante de frente para o outro.

2 — Os participantes serão solicitados a observar bem seu respectivo par, durante um minuto.

3 — O facilitador solicitará que os membros de cada grupo virem-se de costas, um para o outro, e procurem modificar alguma coisa em seu aspecto (Ex.: dobrar a manga da camisa, trocar o relógio de braço, mudar o penteado).

4 — O facilitador solicitará que, novamente, fiquem de frente um para o outro e descubram as diferenças produzidas.

5 — As instruções serão repetidas três vezes, sempre aguardando aproximadamente um minuto para cada observação.

Variação da atividade

— O facilitador poderá desenvolver esta atividade com grupos de cinco participantes, ao invés de duplas. Cada grupo deverá ficar de frente um para o outro, na etapa de observação, após a qual os participantes se virarão de costas e farão de cinco a dez modificações, em seu aspecto físico. Em seguida, dada a ordem do facilitador, todos voltarão à posição inicial, defrontando-se. Será vencedor o grupo que descobrir primeiro todas as modificações ocorridas no outro.

— O tempo de observação e encerramento será o mesmo concedido na atividade com duplas.

Reflexões

— O facilitador interpelará as duplas ou grupos, estimulando os participantes a tirarem conclusões relativas ao exercício realizado.

— Refletir sobre a importância do hábito de prestar atenção a qualquer detalhe diferente no local de trabalho (Ex.: ruídos, acomodação das ferramentas em relação a seus devidos lugares, condições de higiene etc.), como medida de prevenção de acidentes.

— Ressaltar a importância de prestar atenção às pessoas com as quais convivemos.

3.5.1.4. Atividade: Corrida de agulhas

Público-alvo: Participantes de todos os níveis hierárquicos da organização.

Número de participantes: Ilimitado.

Duração da atividade: De dez a quinze minutos.

Materiais: Um carretel de linha e duas agulhas de costura de tamanho médio, cujas pontas serão cortadas e lixadas.

Instruções

1 — O facilitador informará que a tarefa consistirá em uma corrida de agulhas.

2 — Os participantes serão organizados em dois grupos de dez membros, os quais serão escolhidos entre si.

3 — Os dois grupos formarão duas filas com dez pessoas cada uma.

4 — Os participantes indicarão um fiscal para cada fila.

5 — O último da fila receberá uma agulha de costura e um pedaço de linha, que deverá ser enfiada e retirada da agulha, antes de passá-la ao que estiver à sua frente.

6 — A tarefa será dada como cumprida, quando a agulha e a linha chegarem ao primeiro da fila, que executará o mesmo movimento.

7 — O grupo que primeiro completar a tarefa será considerado vencedor.

Reflexões

— Destacar a importância de concentração da atenção na tarefa que estiver sendo executada, de forma a prevenir acidentes, como no caso do uso de objeto pontiagudo. Correlacionar as observações com questões profissionais vivenciadas pelo grupo.

2.5.2. Jogos coletivos

Além das técnicas de aquecimento e de integração do grupo, as quais, conforme já se ressaltou, devem sempre preceder as atividades lúdicas, não se poderia deixar de citar os jogos coletivos e brincadeiras, cuja importância é fundamental para promover a aprendizagem de ações de melhoria da segurança e dos processos de relações interpessoais.

Objetivos

— Ampliar o processo de concentração.

— Conscientizar os participantes da necessidade do trabalho em equipe, como facilitador da prevenção no ambiente profissional e do alcance das metas organizacionais.

— Levar os participantes a perceberem outras possibilidades de solução das questões do cotidiano, fora dos seus limites convencionais de pensamento.

— Conscientizar os participantes sobre a importância da atitude de percepção integral do ser humano.

— Destacar a necessidade do uso adequado de equipamentos de proteção.

— Ampliar a capacidade de percepção de detalhes.

2.5.2.1. Atividade: Afinando equipes de trabalho

Público-alvo: Participantes de todos os níveis hierárquicos da organização.

Número de participantes: Ilimitado.

Duração da atividade: De uma hora a uma hora e meia.

Materiais: Instruções impressas contendo as atribuições dos maestros e cartas representando dez instrumentos musicais (APÊNDICE A).

Instruções

Cabe ao facilitador, na aplicação da técnica:

1 — Organizar os participantes em dois grupos, cada um dos quais indicará um participante para atuar como maestro.

2 — Distribuir as tarefas e organizar um conjunto musical ou orquestra.

3 — Entregar uma carta musical a cada participante, com a orientação de que não deixe ninguém saber o que contém.

4 — Explicar que, em silêncio, deverão fazer os gestos mímicos, como se estivessem tocando o instrumento musical indicado na carta recebida.

5 — Informar que deverão ser organizados subgrupos, em função da semelhança entre os instrumentos musicais.

6 — Orientar cada grupo no sentido de que escolha uma música que deverá ser ensaiada pelo maestro, com todos os instrumentos musicais, em ambientes separados.

7 — Reunir todos os participantes, após o ensaio, para que façam uma apresentação, dirigida pelo maestro, executando a música escolhida por meio de sons vocais que reproduzam o som do instrumento que representam.

8 — Unir os dois grupos, após a apresentação, e formar a "Grande Orquestra da Segurança", para a apresentação final da atividade, com a atuação conjunta dos dois maestros.

9 — Orientar os participantes no sentido de que poderão apresentar a música de um dos grupos, ou ensaiar e apresentar uma nova versão.

Cabe aos maestros, com o auxílio do facilitador:

— orientar a formação dos subgrupos;

— conferir o ensaio dos instrumentos musicais quanto aos movimentos e sons vocais característicos de cada instrumento;

— escolher, com o grupo, um nome para o conjunto musical e para a orquestra;

— auxiliar o grupo na escolha da música a ser apresentada;

— trabalhar em conjunto com o maestro do outro grupo, no ensaio da apresentação final da grande "Orquestra da Segurança".

Variação da atividade

— A música a ser apresentada poderá ser uma gravação de conhecimento público ou uma canção criada pelos grupos.

— Os grupos poderão ser constituídos de forma a incluir cada um dos dez instrumentos musicais, ou poderão ser antecipadamente organizados da seguinte maneira:

Grupo A: pandeiro, sanfona, atabaque, chocalho e agogô.

Grupo B: piano, flauta, violão, violino e saxofone — Os participantes, dependendo de seu quantitativo, poderão formar um único grupo, seguindo as mesmas instruções, para desenvolvimento da técnica.

Reflexões

— Ressaltar que o envolvimento do indivíduo em atividade musical leva a um estado de relaxamento físico e mental, por reduzir o *stress*, as tensões e a ansiedade, além de estimular a atenção e aumentar as percepções sensoriais, fatores fundamentais para a criação de um ambiente seguro.

— Refletir sobre a relevância da criatividade individual e coletiva e da saudável interação propiciada pelo trabalho em grupos, destacando a importância da atuação em equipe para o alcance de metas comuns.

2.5.2.2. Atividade: Campeonato da segurança

Público-alvo: Participantes de todos os níveis hierárquicos da organização.

Número de participantes: Ilimitado.

Duração da atividade: De uma hora e meia a duas horas.

Materiais: Folhas de rascunho, de cartolina, papéis fantasia de várias cores, tesouras, réguas, lápis pretos e coloridos, giz de cera, caneta hidrocor, cola, pincel atômico, fita crepe.

Instruções

O facilitador deverá explicar que a tarefa consistirá em montar times de futebol, para a discussão de questões relacionadas à segurança no trabalho.

Os participantes serão organizados em grupos de até quinze pessoas, e quem for escolhido para ser o juiz da partida não participará dos grupos.

Primeira etapa: Formação do time

— Cada time de futebol deverá:

— atribuir um nome ao time;

— escolher um mascote;

— criar a bandeira do time com o material disponível;

— criar um hino ou grito de guerra;

— definir a posição de cada componente do time, designando alguém do grupo para atuar como técnico.

— Caberá ao técnico controlar o tempo e distribuir as tarefas entre os participantes.

— Os grupos serão distribuídos, se possível, em ambientes diferentes.

— Essa tarefa deverá ser cumprida no prazo máximo de quarenta minutos.

Segunda etapa: Elaboração de material para o jogo

— Cada time deverá listar dez itens que favorecerão a segurança dos locais de trabalho de seus respectivos integrantes.

— Dentre os dez itens, deverão ser selecionados três, considerados os mais importantes no consenso do time.

— Os itens selecionados deverão ser registrados separadamente em cartazes.

— Cada time escolherá um jogador para representá-lo, defendendo o item escolhido.

— Esta tarefa deverá ser cumprida no prazo máximo de vinte minutos.

Terceira etapa: O jogo

Instruções

1 — Os times decidirão no "par ou ímpar" quem iniciará o jogo.

2 — O jogo começará com um jogador de cada time apresentando o cartaz referente a um dos itens escolhidos. Cada jogador terá a tarefa de apresentar o item, justificando verbalmente, durante um minuto, a escolha e defendendo um gol/ponto para seu time. Somente o jogador indicado terá a palavra.

3 — O juiz, no final do jogo, com base nos pontos distribuídos durante a partida, anunciará sua decisão quanto ao vencedor (o time com maior número de pontos).

4 — O fechamento da atividade ocorrerá com a apresentação da música "É uma partida de futebol" — Skank em CD-ROM ou DVD.

Reflexões

— Discutir as atitudes individuais e coletivas observadas durante a execução da atividade, destacando fatores importantes como: planejamento e organização, aceitação de limites e regras, espírito de colaboração/cooperação, criatividade e liderança.

— Refletir acerca da importância de serem levados para o ambiente de trabalho aspectos discutidos durante a atividade, relativos à prevenção de acidentes.

— Proceder a comentários sobre a música "É uma partida de futebol" — Skank, destacando os seguintes aspectos:

• Motivação: "Posso morrer pelo meu time". Remete às ideias de busca persistente do que queremos alcançar e de luta com garra para atingir um objetivo.

• Imaginação: "O tapete da realeza é verde; a bola é o sol".

Diz respeito ao que acreditamos e nos sentimos motivados a transformar em realidade.

• Competência: "O meio de campo é o lugar dos craques; o centroavante é o mais importante". Remete às nossas potencialidades e à capacidade de superar dificuldades.

• Flexibilidade: "O meu goleiro é um homem de elástico". Refere-se à aceitação de mudanças, à ampliação da visão, à flexibilidade, à perda do medo em relação ao novo.

2.5.2.3. Atividade: Equipar o "SEGURINO"

Público-alvo: Participantes de todos os níveis hierárquicos da organização.

Número de participantes: Ilimitado.

Duração da atividade: De uma hora e meia a duas horas.

Materiais: Dois quebra-cabeças e equipamentos de proteção individual — EPIs colados e recortados em superfície rígida, conforme sugestão de moldes do APÊNDICE B.

Instruções

Primeira etapa

1 — O facilitador explicará que a tarefa dos grupos consiste em montar um quebra-cabeça e colocar os EPIs o mais rápido possível.

2 — Os participantes serão organizados em dois grupos, cada um dos quais indicará um representante para realizar a tarefa.

3 — O grupo poderá falar com seu representante, mas não poderá tocar nas peças do quebra-cabeça.

4 — O grupo que cumprir a tarefa em menor espaço de tempo será considerado vencedor.

Segunda etapa

1 — O representante deverá se reunir com os membros de seu respectivo grupo e buscar induzi-los a refletir sobre o aprendizado prático que podem tirar desta atividade.

2 — O facilitador deverá incentivar a participação de todos e complementar as conclusões apresentadas com as informações que se fizerem necessárias.

3 — O consenso de cada grupo será apresentado aos demais participantes, em explanação de, no máximo, cinco minutos, por um membro indicado por seus pares.

Variações da atividade

Em vez de utilizar o quebra-cabeça sugerido no Apêndice B, poderá ser criado um modelo de figura humana em tamanho natural. Nesse caso, será convidado um dos participantes a servir de modelo, riscando-se o contorno de seu corpo em papel *kraft*. O quebra-cabeça será montado a partir do recorte do modelo e nele poderão ser colocados os EPIs de uso do grupo, em seu ambiente de trabalho.

Reflexões

— Refletir sobre o fato de que os seres humanos não são fragmentados como um quebra-cabeça.

— Ressaltar que, da mesma forma que, faltando peças, não se forma o quebra-cabeça, quando qualquer órgão do trabalhador é atingido, todo o seu ser será física e emocionalmente afetado.

— Observar que se trata de um tipo de atividade que pode estar associada à NR-6, ao treinamento para uso de EPI e à introdução de novos equipamentos ou conceitos de prevenção.

— Reiterar o fato de que, no dia a dia de trabalho, é como se cada trabalhador fosse uma peça muito importante na construção de ações de prevenção e promoção da segurança e saúde ocupacional, em níveis individual e coletivo.

2.5.2.4. Atividade: unindo os pontos

Público-alvo: Participantes de todos os níveis hierárquicos da organização.

Número de participantes: Ilimitado.

Duração da atividade: De 30 a 45 minutos.

Materiais: Uma folha de papel para cada participante, contendo nove pontos equidistantes, conforme modelo do ANEXO A, ou doze pontos, conforme modelo do ANEXO B, lápis e *flipchart* e um cartaz com as possíveis soluções.

Instruções

O facilitador deverá:

1 — Informar que a tarefa consiste em resolução de problemas.

2 — Esclarecer os participantes de que dispõem de cinco minutos para unir os nove pontos com quatro linhas retas consecutivas, não podendo levantar o lápis do papel ou repetir uma linha.

3 — Solicitar aos participantes, após esgotado o tempo, que apresentem a solução encontrada. Abrir espaço para a manifestação do grupo.

4 — Caso ninguém apresente uma alternativa viável, mostrar as possibilidades de solução em um cartaz, *flipchart* ou transparência (Anexo C).

5 — Abrir discussão acerca da maneira utilizada pelos componentes do grupo para a solução dos desafios que surgem no ambiente de trabalho e a importância do reconhecimento de que as dificuldades sempre poderão ser vencidas.

Variação da atividade

— Poderá ser apresentado o desafio com doze pontos consecutivos e cinco linhas retas. É igualmente vedado levantar o lápis do papel ou repetir uma linha.

— Após o tempo concedido a cada participante para completar a ligação dos nove pontos, poderão ser montadas duas equipes, que receberão uma folha contendo doze pontos, devendo seguir a mesma instrução, em período de tempo pré-determinado. Será vencedora a equipe que apresentar primeiro a solução.

Reflexão

Discutir sobre o fato de que é possível encontrar diferentes soluções para as dificuldades inerentes ao trabalho, razão pela qual é prudente ter flexibilidade e abertura para considerar as sugestões dos demais componentes da equipe, sobre a questão.

CONSIDERAÇÕES FINAIS

Este trabalho, como se pôde constatar, é a materialização de um sonho e do desejo de compartilhar uma experiência que se mostrou possível, como ação diferenciada, na construção de um processo de defesa e preservação de vidas humanas, seja no campo do trabalho, seja junto à família, seja na sociedade.

Buscamos novos caminhos para possibilitar, de forma leve e prazerosa, o despertar, no ser humano, da consciência e do comprometimento com a prática da prevenção, em seus diferentes saberes e fazeres, onde quer que se esteja.

A Metodologia de Harmonização no Trabalho — MHT, em sua aplicação e intervenções, ao associar o comportamento humano à prevenção de riscos e de adoecimentos, não teve a intenção, em momento algum, de atribuir aos trabalhadores culpa pela ocorrência de acidentes ou problemas de saúde geradores de absenteísmo e baixa produtividade, mas mostrar a necessidade de envolvê-los em ações de promoção da saúde, segurança e melhoria da qualidade de vida pessoal e profissional.

Apresentar técnicas que motivem a maior participação dos trabalhadores nas ações de segurança não significa divulgar uma "Cartilha Comportamental da Prevenção", mas destacar a importância de um trabalho construído de forma interdisciplinar, com foco técnico e comportamental, para alcance da meta tão desejada: prevenir para não ter que socorrer.

Fica, pois, o convite de "viagem" pelas técnicas, experimentando, criando outras, adequando-as à realidade vivenciada, alterando o que for necessário, mas, acima de tudo, acreditando que a prevenção depende de cada um de nós. Somente por intermédio dela o ser humano construirá o processo de harmonia consigo mesmo e com o ambiente, para o desenvolvimento pleno de suas potencialidades e para a preservação e valorização da vida.

BIBLIOGRAFIA

ALBERT, Eric; URURAHY, Gilberto. Compreender o *stress*. In: *Como tornar-se um bom estressado*. Rio de Janeiro: Salamandra, 1997.

ALENCAR, Eunice Soriano. *A gerência da criatividade*. São Paulo: Makron Books, 1996.

ANDREWS, Susan. Stress *a seu favor*: como gerenciar sua vida em tempos de crise. São Paulo: Ágora, 2003.

BARROS, Claudius D'Artagnan C. *Sensibilizando para a qualidade*. Rio de Janeiro: Qualitymark, 1922.

BAYER, C. *La ensefianza de los juegos deportivos colectivos*. Barcelona: Hispano-Europea, 1994.

_______. *O ensino dos desportos coletivos*. Paris: Vigot, 1994.

BENENZON, Rolando. *Teoria da musicoterapia*. São Paulo: Summus, 1988.

BENSON, Herbert. A resposta de relaxamento. In: *Medicina espiritual* — o poder essencial da cura. 10. ed. Rio de Janeiro: Elsevier, 1998.

BOFF, Leonardo. *Saber cuidar*: ética do humano — Compaixão pela Terra. Petrópolis: Vozes, 1999.

BOSI, A. *Reflexões sobre a arte*. São Paulo: Ática, 1985.

BRASIL. Política Nacional de Segurança e Saúde do Trabalhador. Disponível em: <http:www.mte.gov.br/seg-sau/proposta_consultapublica.pdf> Acesso em: 23 de fevereiro de 2009.

CAMPOS, José Américo. Campanha Nacional de Prevenção de Acidentes e Violência na Infância e Adolescência. Disponível em: <www.sbp.com.br/show_item2.cfm?Idcategoria=17&id.detalhe=265&tipo_detalhe=s> Acesso em: 25 de julho de 2007.

CARDOSO, Roberto. *Medicina e meditação*. São Paulo: Summus, 2005.

CLOT, Yves. *A função psicológica do trabalho*. Petrópolis: Vozes, 2006.

CODO, Wanderley; JAQUES, Maria da Graça (orgs.). *Saúde mental & trabalho*. Petrópolis: Vozes, 2002.

COUTO, Hudson de Araújo. *Cadernos ergo de desenvolvimento de recursos humanos em saúde ocupacional* — n. 2, julho. Belo Horizonte: Ergo, 1982.

DAMÁSIO, Antônio. *Em busca de Espinosa:* prazer e dor na ciência do sentimento. São Paulo: Companhia das Letras, 2004.

DAY, Jennifer. *Visualização criativa com crianças.* São Paulo: Cultrix, 1994.

DEWHURST-MADDOCK, Olívea. *A cura pelo som.* São Paulo: Madras,1999.

EPSTEIN, Gerald. *Imagens que curam:* guia completo para a terapia pela imagem. Rio de Janeiro: Xenon, 1990.

FRANÇA, Ana Cristina Limongi; RODRIGUES, Avelino Luiz. Stress *e trabalho:* uma abordagem psicossomática. 3.ed. São Paulo: Atlas, 2002.

FREGTMAN, D. Carlos. *Holomúsica:* um caminho de evolução transpessoal. São Paulo: Cultrix, 1989.

GAWAIN, Shakti. *Visualização criativa.* São Paulo: Pensamento, 1990.

_______. *Meditações.* São Paulo. Pensamento, 1991.

GIBRAN, Khalil. *O profeta.* São Paulo: Martin Claret, 2007.

GOLEMAN, Daniel. *A arte da meditação.* Rio de Janeiro: Sextante, 1999.

GONÇALVES, Ana Maria; PERPÉTUO, Susan. *Dinâmica de grupos na formação de lideranças.* Rio de Janeiro: DP&A, 1998.

GRETZ, João Roberto. *Vida com qualidade:* viabilização de talentos humanos. Florianópolis: Bandeirantes — Indústria Gráfica S/C, 1998.

KHALFA, Stéphanie. Melodia para os ânimos. viver mente e cérebro. In: *Revista de Psicologia, Psicanálise, Neurociências e Conhecimento*, São Paulo, ano XIII, n. 149, p. 70-73, junho 2005.

KEITH, R. Wallace; BENSON, Herbert. *The Physiology of Meditation Scientific American,* Massachusetts, 1972.

KROEHNERT, Gary. *100 Training games.* New York: McGraw-Hill, 1992. (Fonte: adaptação de KROEHNERT, Gary. Join the dots. In: *100 Training games,* 1992)

KOSSLYN, Stephen. Mental imagery ability. In: *Human abilities.* New York: Freeman, 1985.

LELOUP, Jean Ives. *A arte da atenção.* Campinas: Verus, 2002.

LINGERMAN, Hal A. *As energias curativas da música.* São Paulo: Cultrix, 1983.

LIPP, Marilda Novaes; NOVAES, Emmanuel Lúcia. *O stress.* 4. ed. São Paulo: Contexto, 2000.

McCLELLAN,Randall. *O poder terapêutico da música.* São Paulo: Siciliano,1988.

MORAES, Giovanni Araújo. *Normas Regulamentadoras comentadas* — legislação de segurança e saúde no trabalho — 6. ed. Rio de Janeiro: Gerenciamento Verde, 2007.

MOREIRA, Mário Santos. *Stress*. In: *Psiconeuroimunologia*. Rio de Janeiro: Medsi, 2003.

OSHO. *Aprendendo a silenciar a mente*. Rio de Janeiro: Sextante, 2002.

OSTROWER, Fayga. *Criatividade e processos de criação*. Rio de Janeiro: Imago, 1977.

______. *Meditação — a primeira e última liberdade*. Rio de Janeiro: Sextante, 2007.

PAES. R. *Educação física escolar:* o esporte como conteúdo pedagógico no ensino fundamental. Canoas: Ulbra, 2001.

PIZANO, Juan Carlos. *Manual de juegos para jovenes y no tan jovenes*. Argentina: Editorial Bonum, 1997.

READ, H. *A redenção do robô:* meu encontro com a educação através da arte. São Paulo: Summus,1986.

RICHETER, Sandra. *Criança e pintura:* ação e paixão do conhecer. Porto Alegre: Mediação, 2004.

RIO, Rodrigo Pires. *O fascínio do* stress. 3. ed. Rio de Janeiro: Qualitymark, 1998.

ROSA, João Guimarães. *Grande sertão:* veredas. Rio de Janeiro: Nova Fronteira, 1986.

ROSSI, Ana Maria; PERREWÉ, Pámela L.; SAUTER, Steven L. Stress *e qualidade de vida no trabalho*. São Paulo: Atlas, 2007.

SILVA, Marco Aurélio Dias; DE MARCHI, Ricardo. *Saúde e qualidade de vida no trabalho*. São Paulo: Best Seller, 1997.

STAPLES, Walter Doyle. *Pense como um vencedor*. São Paulo: Pioneira, 1994.

TAME, David. *O poder oculto da música*. São Paulo: Cultrix,1984.

THORPE. Scott. *Pense como Einstein*. São Paulo: Cultrix, 2000.

URRUTIGARAY, Maria Cristina. *Arteterapia:* a transformação pessoal pelas imagens. Rio de Janeiro: Wak, 2003.

VIEIRA, Adriane; GOULART, Íris Barbosa (coords.). *Identidade e subjetividade na gestão de pessoas*. Curitiba: Juruá, 2007.

WATSON, Andrew. *Musicoterapia: um caminho holístico para a harmonia interior*. São Paulo: Ground, 1990.

WEISS, Brian L. *Meditando com Brian Weiss*. Rio de Janeiro: Salamandra, 1998.

WESTON, Denise Chapman. *Aprender brincando*. São Paulo: Paulinas, 2000.

YOZO, Ronaldo Yudi K. *100 jogos para grupos*. São Paulo: Ágora, 1996.

APÊNDICES E
ANEXOS

APÊNDICE A — Cartas Musicais

Cole cópias xerográficas do desenho abaixo sobre uma superfície rígida e recorte cada carta individualmente

APÊNDICE B — Quebra-cabeça e EPIs

Cole cópias xerográficas do desenho abaixo sobre uma superfície rígida e recorte as peças do quebra-cabeça e os EPIs

ANEXO A

Providencie cópias xerográficas do modelo abaixo em número suficiente para uso dos participantes

ANEXO B

Providencie cópias xerográficas do modelo abaixo em número suficiente para uso dos participantes

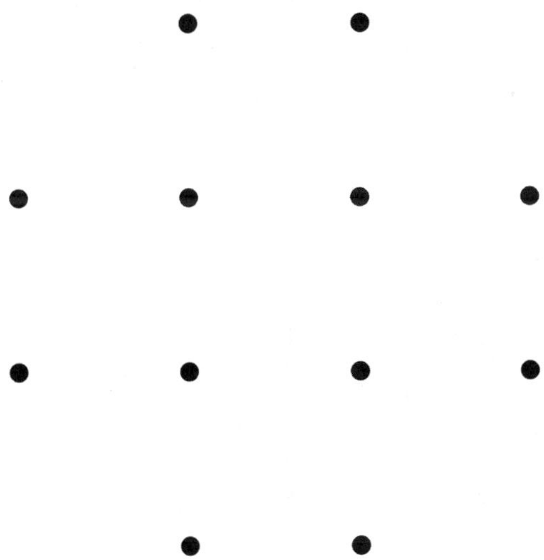

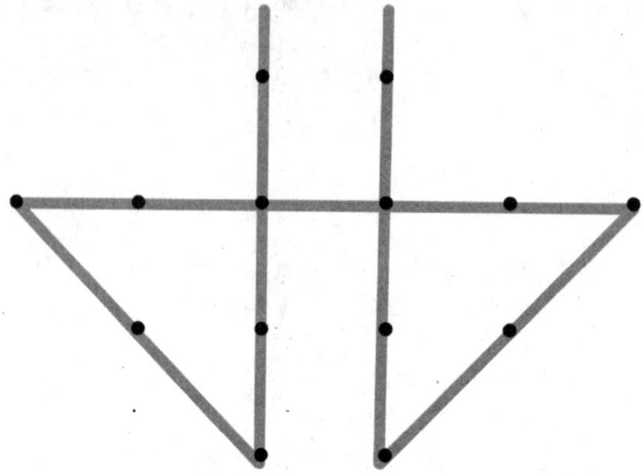

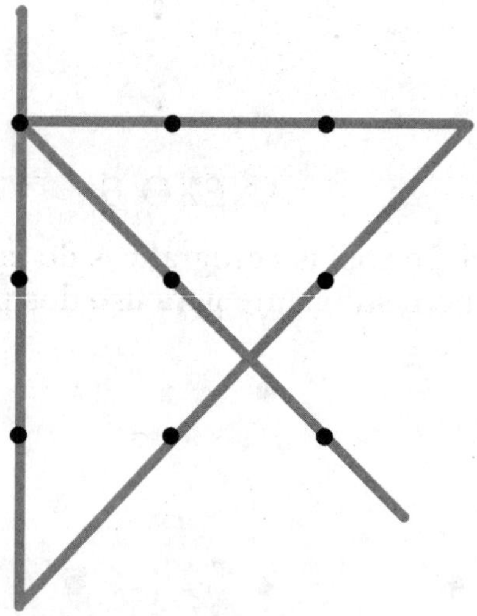